Beate Seebauer

„Tierische Seelenfreunde“

Felina und ihre Tierfreunde erzählen über die Telepathie mit Tieren

RiWei
Verlag -GmbH

1. Auflage Juni 2009

Gesamtherstellung: CPI – Ebner & Spiegel, Ulm
Umschlaggestaltung: Heidi Ertelt
Satz: Meike Scholtes

Postfach 20 04 54
93063 Regensburg
Tel. 0941 / 799 45 70
Fax. 0941 / 799 45 72
eMail: info@riwei-verlag.de

ISBN 978-3-89758-065-7

Inhalt

In ewiger Erinnerung

an meine Seelenfreundin Felina und

meinen Begleiter Fijack

[Beate]: „Dieses Buch ist für all diejenigen gedacht, die ihr Bewusstsein für die Tierwelt erweitern oder vielleicht auch neu überdenken möchten. Der komplette Inhalt dieses Buches wurde übermittelt von meiner Hündin, nein, meinem Engel Felina, meinem Pferd Icarè und meinem Terrierrüden Fijack, unserem treuen Gefährten im Himmel, der uns leider schon vor ein paar Jahren verlassen musste, sowie all den anderen Seelenfreunden, von denen ich so Wunderbares lernen durfte und noch immer darf. Ich bin meinen Freunden zu ewigem Dank verpflichtet, dass sie mich stets führten und leiteten auf meinem Lebensweg. Ich hoffe, dass für jeden der dieses Buch in Händen hält, die Liebe aus all den übermittelten Worten spürbar wird, die ich bei der Übersetzung der vielen wundervollen Gespräche mit meinen Lieben empfinden durfte. Ich wünsche mir sehr, dass jeder Leser die positiven Schwingungen aufnehmen und fühlen kann, dass es getragen wird von dem unglaublichen Gefühl der Leichtigkeit und der bedingungslosen Liebe zu uns.

Es rührt mich immer wieder zu Tränen, wenn ich sehe, wie unsere Tiere es schaffen, unser beider Welten, die der Menschen und der Tiere, zueinander zu bringen, und wie sie ein Umdenken in den Köpfen ihrer Menschen erzeugen. Es schenkt mir Mut und Hoffnung auf eine bessere Welt, in der das Leben aller Lebewesen geachtet und geschätzt wird und kein Leid mehr stattfinden muss, ob nun auf seelischer oder auch auf körperlicher Ebene.

Als ich etwa zur Mitte des Jahres 2007 damit begonnen hatte, Felinas Worte aufzuschreiben, wusste ich bereits zum damaligen Zeitpunkt, dass ich mich, sobald das Manuskript fertiggestellt war, von ihr verabschieden müs-

sen würde. Und so kam es dann auch. Am 07. August 2007 hat Felina nur kurz nach der Fertigstellung des Buches unsere irdische Sphäre verlassen. Nicht immer sind Felinas Worte leicht für mich gewesen, und doch hat im Nachhinein wieder einmal alles seinen Sinn. Wie sagte sie einmal zu mir: „Irgendwann wirst Du den Sinn im Tod oder meinem Sterben erkennen können." Wie so oft konnte ich diese Worte nicht gleich annehmen oder sofort verstehen, doch sind sie mir heute bewusst und klar. Nie hätte sie ihre Botschaften für uns vollenden wollen, ohne uns begreiflich zu machen, was sie wirklich meinte und von uns wollte. Bevor sie in meinen Armen starb, sagte ich zu ihr, sie solle mir bitte ein Zeichen schicken, wenn all das wahr ist, was wir sehen oder besser glauben zu sehen. Felina meinte: „Ich schicke Dir einen Regenbogen."

Und so unglaublich sich das Folgende für manch einen anhören mag: „Vier Wochen lang habe ich nach dem Tod meiner lieben Felina täglich einen Regenbogen gesehen. Sei es auf einem Bild, in der freien Natur, in irgendeiner Broschüre oder einfach nur in einem Regentropfen, in dem sich das Licht in der Art spiegelte, dass man einen Regenbogen wahrnehmen konnte". Und auch, wenn mich heute immer noch manchmal ein paar kleinere Zweifel überkommen, ob ich mir das Ganze nicht einfach nur einbilde, so kann ich mir sicher sein, trotz meiner Zweifel auch heute noch immer und immer wieder auf irgendeine Art einen Regenbogen zu Gesicht zu bekommen. Ich bin überzeugt davon, dieses Geschenk nur deswegen erhalten zu haben, weil ich meine Zweifel und Ängste nach und nach über Bord werfen konnte und nun fest daran glaube, dass es wirklich möglich ist, mit Tieren zu sprechen.

Möge Felina in ihren diesen Worten ewig weiterleben und ihre Aufgabe weiterhin so gut erfüllen, wie sie es zu Lebzeiten bereits getan hat. Das wünsche ich mir für sie, für meinen Engel Felina.

Bitte beachtet, dass es sich bei diesem Buch um eine Übersetzung dessen handelt, was mir meine tierischen Freunde übermittelt haben. Um die Wiedergabe und den Wahrheitsgehalt der Gespräche so authentisch wie möglich zu halten, wurde nichts verfälscht oder künstlich ausgeschmückt."

Einführung

Hallo Ihr Lieben! Ich bin Felina, eine 13 Jahre alte Hundedame, aber viele sagen, ich sei eine supersüße. Meine Beate sagt das im Übrigen auch, sie nennt mich ihren Engel, was mich persönlich sehr stolz macht. Unsere Beziehung ist sehr tief und innig und etwas ganz Besonderes, denn wir verstehen uns auch verbal. Ihr glaubt, das ginge nicht? Habt Ihr es schon ausprobiert? Nein? Dann wird es wirklich Zeit!

Beate kann mit uns Tieren sprechen, anders würden meine Worte auch gar nicht zu Papier gebracht werden können, denn es ist meine Geschichte, die Ihr hier lest, meine Geschichte über die Tierkommunikation und wie ich die Dinge der Welt und das Universum sehe. Ich schätze mich sehr glücklich, alles kundtun zu können, was mir am Herzen liegt, denn Lebewesen, die miteinander kommunizieren, sind tief miteinander verbunden.

Sie ist ein Vermittler zwischen uns Tieren und Euch Menschen. Natürlich versteht sie nicht immer auf Anhieb, was ich meine, aber ich erzähle Euch einfach aus meiner Sicht.. Und ich freue mich schon sehr darauf, den Menschen diese Art der Kommunikation nahe bringen zu können. Mein grösster Wunsch ist es, dass irgendwann einmal alle Menschen mit ihren Tieren sprechen.

„Wie alles begann“

Ich war nicht immer alleine in meiner Familie. Nein, ich hatte einen Freund, Fijack, unseren „Dicken“. Der Mann bei uns hatte ihn immer liebevoll so genannt. Wir hatten eine tolle Zeit mit viel Spaß zusammen, bis er irgendwann leider sehr krank wurde. Er ärgerte sich sehr über seinen Zustand, was letztlich aber der Auslöser dafür war, dass Beate mit uns zu sprechen begann. Eine Freundin erzählte ihr damals davon, dass es Menschen gibt, die mit Tieren sprechen, und so wollte sie natürlich sofort wissen, was genau das sei und wie das gehe.

Ich bin mir sicher, das Ergebnis des ersten Gespräches mit Fijack hatte sie so nicht erwartet, denn mit so vielen genauen Angaben und Details hatte sie einfach nicht gerechnet. Aber so ist das nun einmal, wenn man kommuniziert. man erhält Antworten, und warum nicht Mauch von uns. Ich finde es ja fast ein bisschen egoistisch anzunehmen, nur Menschen stünde das Privileg der Sprache zu. Dass Ihr uns Tiere aufgrund unserer Verhaltensweisen verstehen und einschätzen könnt, habt Ihr ja schon lange begriffen. Allerdings finde ich es manchmal echt lustig, Eure Sicht und Erklärungen über uns so zu sehen, als wären wir alle gleich. Sind wir das wirklich?

Beate war damals sehr erstaunt und hoch erfreut zugleich über diese Genauigkeit der Aussagen, so dass sie das einzig Richtige tat: „Sie lernte es selbst!“ Und schon kurze Zeit später sprach sie mit uns, mit mir und Fijack. Sie sprach mit Fijack über sein Leben und den Tod, und nicht immer waren die Mitteilungen voller Glückseligkeit und schön, sondern manchmal auch sehr traurig und von Furcht erfüllt. Wie es wohl ohne unseren Freund sein würde? Ich habe darüber meine eigene Meinung, wie wir den Tod sehen und wie wir Euch damit manchmal auch helfen können. Es ist alles andere als einfach, sich von einem geliebten Freund und Weggefährten zu trennen, und doch bin ich im Nachhinein der Ansicht, dass wir uns trotz allem glücklich schätzen konnten, uns auf das, was kam, vorbereiten und uns verabschieden zu können.

Aber dennoch glaube ich, dass Beate in dieser Zeit viel gelernt hat. Als der Tag des Abschiedes dann aber kam, war es trotzdem sehr, sehr schlimm. Beate und ich sind nicht zu Hause gewesen, als die fremde Frau kam. Fijack ist mein bester Freund gewesen, doch ich weiß, dass ich ihn irgendwann wieder sehe.

So waren es also sehr widrige Umstände, die Beate mit der Tierkommunikation in Kontakt brachten. Und Susi, die Katze einer Freundin von ihr, ermutigte sie bereits von Anfang an, weiterzumachen, das Kommunizieren mit uns Tieren trotz der tiefen Trauer um Fijack nun nicht wieder aufzugeben. Und heute, nach einigen Jahren möchte sie sich ihr Leben ohne die vielen tollen und erfüllenden Gespräche mit uns gar nicht mehr vorstellen, so dass ich mir sicher bin, dass sie heute auch davon überzeugt ist, den richtigen Schritt getan zu haben. Glaubt bitte nicht, dass es irrsinnig kompliziert oder schwer wäre, mit uns zu reden, nein, es ist so einfach! Ihr solltet einfach nur zuhören, still sein, zur Ruhe finden und zulassen, was da so kommt. Denkt nicht darüber nach, denn es geschieht alles sehr schnell und ganz von alleine. Jeder von Euch trägt dieses Können in sich. So einfach ist das!

„Telepathie, was ist das?“

Es ist ohne großes wissenschaftliches Brimborium in nur einem einfachen Wort zu beschreiben, denn es ist einfach „Gedankenübertragung“. Ein „Senden“ von Wörtern, Bildern und Gefühlen auf gedanklicher Ebene. Ihr alle habt diese Erfahrung schon gemacht, ob bewusst oder auch unbewusst. In den meisten Fällen zwar eher unbewusst, aber bestimmt ist es schon vorgekommen, dass Ihr an jemanden gedacht habt, an jemanden, den ihr vielleicht schon lange nicht mehr gesehen hattet und plötzlich stand dieser Jemand vor Euch. Wie oft ist es Euch schon passiert, die gleichen Worte auszusprechen wie Euer Gegenüber? Bestimmt nicht nur ein oder zweimal, nein, das passiert gar nicht so selten im Leben. Und all das ist Gedankenübertragung oder auch Telepathie.

Wenn sich Menschen und Tiere „gedanklich“ miteinander unterhalten, dann müssen sie nicht im selben Raum sein, denn die Telepathie ist über jede nur erdenkliche Entfernung möglich. Manche sehr alten Naturvölker der Erde machen dies sehr erfolgreich vor. Sie zweifeln nicht an der Telepathie und kommunizieren telepathisch über viele Hunderte Kilometer Entfernung. Am besten jedoch funktioniert es mit einem Bild, denn mit Hilfe eines Bildes könnt Ihr eine Verbindung herstellen. Es ist eine unsichtbare Verbindung zwischen Tier und Mensch. Durch Energiewellen wird ein Kommunikationskanal hergestellt, und für mich bedarf es keinerlei Beweise, dass die Telepathie tatsächlich funktioniert. Ich weiß es, und ich weiß auch, dass die Kommunikation zwischen Mensch und Tier auf die gleiche Weise funktioniert, wie die telepathische Kommunikation zwischen Mensch und Mensch.

„Ich kann das bestimmt nicht!“ Wie oft hat meine Beate diesen Satz schon gehört, und wie oft haben wir diese Menschen eines besseren belehrt. Ja, wir, Beate und ich.

Jeder kann es und somit auch Ihr. Alle können die Tierkommunikation erlernen, lasst Euch bitte von niemandem etwas anderes einreden. Es liegt nur an Euch selbst, probiert es einfach und testet Euch, sagt nicht bereits von Beginn an: „Ach bei mir klappt das eh nicht. Bestimmt bekomme ich meinen Kopf nicht frei.“ Ich kann Euch beruhigen, so wie Beate es auf ihren Seminaren immer macht: „Es funktioniert, glaubt daran!“ Und ich füge am besten noch hinzu: „Bei allen!“

Empfangene Antworten sind vielleicht nicht bei allen gleich präzise, doch das ist alles eine reine Sache der Übung. Andere Sprachen von Menschen aus anderen Ländern lernt Ihr doch auch nicht an nur einem Tag, es dauert bei dem einen oder anderen vielleicht einfach ein bisschen länger. Aber Ihr werdet alle Zweifel und Bedenken loswerden, lasst mich Euch dabei unterstützen und helfen. Ich höre immer wieder, dass ich die Türen zu uns Tieren schnell öffnen kann und eine gute Lehrerin bin.

Ich werde Euch aufzeigen und davon erzählen, wie man telepathische Gedanken erkennen und verstehen kann. Natürlich sind meistens schon sehr viele Gedanken da, nur glaubt Ihr all zu oft, dass es die eigenen Gedanken wären und nicht die der Tiere. Aber das ist nicht so, und darauf müsst Ihr einfach vertrauen.

Manchmal versteht Ihr auch nur deswegen nichts, weil Ihr zu laut seid und nicht innehaltet und einfach mal in Euch geht und zuhört. Seid einfach einmal leise in Eurem Inneren, damit Ihr die vielen liebevollen Botschaften der Tiere hören könnt. Habt keine Angst. Auch wenn eine Beschwerde oder Kritik zu hören ist, nehmt sie mit Freude an, denn jetzt habt Ihr die Möglichkeit, etwas zu verändern. Fürchtet Euch nicht vor dieser Herausforderung, denn das Ergebnis wird immer Liebe sein.

Ich erlebe sehr oft, dass Menschen sich selbst im Wege stehen. Es ist das kleine Teufelchen „Ego“, das in Eurem Kopf ständig das Gegenteil behauptet, Euch unsicher macht und von wirklich schönen Erfahrungen abzuhalten versucht. Schaltet es aus, es hat keine Macht über Euch, es hat nichts zu sagen, denn egal was Euch Euer Ego auch erzählen mag: „Ihr könnt mit Tieren sprechen!“ Und ich verspreche Euch, dass sich neue Türe öffnen, und Liebe wie Freude einkehren werden.

„Was man mit Tiergesprächen erreichen kann“

Ich werde Euch zeigen, wie ich die Sache sehe. Seit Beate mit mir spricht, hat sich unsere Beziehung noch vertieft, denn sie ist viel, viel inniger geworden. Auch ich kann jetzt zu einem besseren Zusammenleben beitragen, genau wie Beate und Ihr alle. Die Liebe, die ich für sie empfinde, kann sie jetzt selbst spüren. Natürlich konnte sie das auch schon vorher, doch ist es jetzt trotzdem noch anders für uns beide. Gefühle sind ja manchmal schwer in Worte zu fassen, natürlich auch für mich, aber ich kann aus eigener Erfahrung behaupten, dass sich etwas verändert hat.

Sie hört mir jetzt bewusst zu und geht auf mich ein, nimmt Rücksicht auf MEINE WÜNSCHE und versucht sie zu erfüllen. Sie erhält auch Reaktionen von mir, wenn sie mir z.B. davon erzählt, dass sie in den Urlaub fahren möchte. Sie hört sich meine Sichtweise an und was sie dagegen tun kann, damit mir die Zeit nicht zu lange wird. Es ist nicht immer einfach für sie, aber sie erfüllt meine Wünsche, so gut es eben geht, weil sie meine Worte absolut ernst nimmt. Sie zweifelt nicht an meinen Aussagen, auch wenn sie vielleicht nicht immer hören will, was ich ihr sage. Natürlich gibt es manchmal auch Dinge, über die wir uns nicht sofort einig sind, aber das ist bei eigenständig denkenden Lebewesen doch ganz normal. Und am Ende kommen wir dann doch irgendwie auf einen gemeinsamen Nenner.

Manchmal denke ich, ist es für Euch Menschen schwer zu akzeptieren, dass wir unsere eigenen Ansichten haben. Wenn Ihr lernt, uns nicht zu verbiegen, oder nicht mit allen Mitteln versucht, Euren Willen durchzusetzen, dann kann das Zusammenleben viel besser sein. Wir sind selbst denkende Lebewesen. Wir haben unsere eigene Meinung über die Dinge, die natürlich nicht immer mit den Euren übereinstimmen. Manchmal verstehen wir Eure Gründe, etwas zu tun, manchmal auch nicht. Aber wenn Ihr nicht krampfhaft versucht, uns Euren Willen aufzuzwingen, sondern wie wir bereit seid, einen Kompromiss zu finden, dann wird es auch funktionieren. Ihr diskutiert Eure Probleme ja schließlich auch aus und findet gemeinsam eine Lösung. Und genauso ist es auch bei uns. Sprecht mit uns, findet Mittelwege und besteht nicht nur auf Eurem Recht, dann wird alles wunderbar. Wenn Ihr allerdings auf Eurem Standpunkt beharrt und uns auch noch das Gefühl gebt, uns nicht ernst zu nehmen, dann wird sich auch bestimmt nichts ändern, das ist sicher.

Damit Ihr seht, wie wunderbar kleine Kompromisse sein können, erzähle ich Euch die Geschichte von Jameo, einem Kater, der sich mit seinem Mitbewohner César nicht vertragen hat. Ich widme ihm diesen Platz hier, weil er ein wunderbarer Kerl war. Ja, er war ein wundervoller Kerl, denn leider ist er schon gegangen.

Jameos Frau hatte einmal ein Seminar bei Beate besucht, und Beate hatte während des Seminars natürlich auch mit ihm gesprochen. Jameos Frauchen wollte wissen, warum er seinen Artgenossen César immer so sehr ärgertd und ihn zeitweise richtiggehend schikaniert. Er sagte zu Beate, dass ihm oft ziemlich langweilig sei und dass dies die einzige Abwechslung sei, die ihm so richtig Spaß machen würde. Beate meinte dann zu ihm, dass dieses Verhalten aber gar nicht nett sei und auch etwas unfair. Sie fragte, ob es etwas gäbe, was man dagegen tun könne, und er meinte, dass er gerne einmal raus ins Freie gehen würde. Da das aber nicht möglich war, hatte Beate ihm einen Kompromiss vorgeschlagen. Sie fragte ihn, ob er damit einverstanden wäre, wenn man mit ihm an einer Leine hinausginge, ob das für ihn akzeptabel wäre. Und das war es.

Bestimmt seid Ihr jetzt neugierig darauf, was dann passiert ist? Na, was wohl? Es gab hinterher keinerlei Ärger mehr. Jameos Menschen hielten ihren Teil der Abmachung ein, und er selbst natürlich den seinen. Er war glücklich und seine Menschen auch. Ist das nicht schön? Ist es nicht wunderbar, wenn man einfach etwas versucht, bevor man es gleich als Unfug abtut? Was habt Ihr denn schon zu verlieren? Und vor allem vor wem?

Vielleicht funktioniert es nicht immer so toll und auf Anhieb wie bei „Meo“, aber es könnte doch durchaus sein, oder? Wenn Ihr es aber erst gar nicht versucht, dann könnt Ihr auch nicht herausfinden, ob etwas geklappt hätte, und das wäre doch sehr, sehr schade. Manchmal, wenn nicht gleich alles so funktioniert, wie man es gerne hätte, bedarf es vielleicht einfach nur mehrerer Gespräche und mehrerer Versuche. Ändern wird sich immer etwas, und wenn sich Euer Tier auch nur auf eine andere Weise erkenntlich zeigt, indem es Euch vielleicht noch mehr Aufmerksamkeit entgegenbringt als bisher.

Mein Leben ist wunderbar, und ich wünsche allen Tieren, dass sie bei Menschen leben und von Herzen verstanden werden können. Es würde alles viel leichter machen, und viele Tiere würden wohl nicht mehr gequält und vernachlässigt werden. Die Beziehung wäre „kommunikativ“ und man würde sich verstehen, denn kann irgendjemand auf dieser Erde Worte des Schmerzes auf Dauer ignorieren? Ich hoffe es nicht und ich hoffe sehr, dass irgendwann der Zeitpunkt kommt, an dem jede Seele die andere achtet und keine Schmerzen und Leiden mehr zugefügt bekommt. Ich hoffe, dass Ihr Menschen Euer Wissen und Eure guten Taten weiter verbreitet, so dass diejenigen, die diesen Weg noch nicht gefunden haben, das allgegenwärtige Licht und die Liebe sehen können. Ich bin mir sicher, irgendwann wird es so sein. Wäre es nicht schön, wenn jeder Mensch die Tiere hören könnte und von ihnen Botschaften empfangen würde, die nichts als Ehrlichkeit bedeuten und einen bleibenden Wert haben?

Bei Beate habe ich bemerkt, dass die Achtung vor dem Leben, egal in welcher Form, viel größer und intensiver geworden ist. Sie erkennt jetzt alles und jeden in seiner ursprünglichen Form an, genau so wie es sein sollte. Ganz genau so! Auch ihre Ansichten haben sich verändert. Wir haben ihr beigebracht, immer beide Seiten zu betrachten und zu respektieren. Das ist aber erst durch die Kommunikation zwischen uns möglich geworden. Und wenn Ihr könntet, würdet Ihr spüren, wie glücklich ich bin, Euch hier und jetzt all das mitteilen zu dürfen, alles, was ich weiß. Ich bin nicht erleuchtet oder so, nein ganz bestimmt nicht, und doch glaube ich, dass ich Euch ein klein wenig helfen kann. Das Beste für mich ist allerdings, dass meine Worte ewig weilen. Danke meine Liebe.

[Beate]: *„Ich danke Dir mein Engel!“*

„Was es bedeutet mit Tieren zu sprechen“

Es bedeutet in jedem Fall, Verantwortung zu übernehmen. Eure Gedanken sind unsere und wenn Ihr sie weitergebt, übernehmt Ihr damit eine große Verantwortung, das sollte Euch immer bewusst sein. Wenn Ihr es vergesst, werdet Ihr bestimmt irgendwie wieder auf den Boden geholt, um noch einmal darüber nachdenken zu können. Und wenn ich eine Erklärung für Verantwortung abgeben darf, ist dazu nur ein Wort nötig: „Verantwortung ist gleich zu setzten mit „Auswirkung“. Alles, was Ihr im Namen eines Tieres weitergebt, hat unweigerlich auch Auswirkungen. Deswegen solltet Ihr immer und stets prüfen, ob es wirklich unsere Worte sind oder ob Euer Verstand sich die Antwort nicht schon vorher zurechtgelegt hat. Dies zu unterscheiden gilt es zu lernen. Ich sage nicht, dass es immer leicht ist, doch wer verantwortungsvoll mit anderen Lebewesen umgeht, wird stets den Unterschied erkennen. Es bedarf schließlich auch großen Vertrauens in Euch.

Seht Ihr nun, wie wir Euch sehen und Euch vertrauen? Wir vertrauen darauf, dass Ihr in unserem Sinn handelt. Stets sollten wir, und ich meine damit unser aller Belange, im Vordergrund stehen und nicht nur die Euren. Nicht Ruhm oder Stolz sollte Euch dazu ermutigen, dran zu bleiben, sondern der Wille, unsere Bedürfnisse nach außen zu tragen, es laut zu sagen: „Hey, ich spreche mit Tieren, es ist wunderschön und ein Geschenk, das ich wieder erlernen durfte.“ Ihr solltet Euch also immer Eurer Auswirkung bewusst sein. Wisst Ihr, die meisten von uns haben wirklich großes Vertrauen in Euch. Natürlich werden wir Kleinigkeiten, die Ihr einmal nicht auf Anhieb erfasst, nicht übel nehmen. Wir wissen doch auch, dass niemand unfehlbar ist. Wir nicht und Ihr ebenso nicht. Sollte es aber um entscheidende Fragen gehen, dann bitte ich Euch aus tiefstem Herzen, Eure Antworten und das, was Ihr weitergebt, gut zu überdenken, oder besser gesagt, unbedingt zu prüfen. Wenn bei einem Gespräch Emotionen im Spiel sind, dann könnt Ihr Euch sicher sein, dass „wir" sprechen. Prüfen könnt Ihr in Eurem Herzen, ob es tatsächlich unsere Antwort ist. Gott und die Engel werden Euch helfen, es zu erkennen, und wir natürlich auch. Ich möchte mit meinen Worten niemandem Angst einjagen, aber ich möchte in jedem Fall deutlich machen, dass es für uns nicht egal ist, was genau Ihr weitergebt. Das solltet Ihr niemals vergessen!

Die einen von Euch werden sich recht leicht tun, mit Tieren zu kommunizieren, bei anderen bedarf es einfach etwas mehr Übung. Lasst Euch Zeit, denn Wachstum braucht Zeit. Ein Baum braucht Jahre, um zu wachsen, und Ihr werdet eine gewisse Zeit dazu brauchen, Eure Sinne richtig zu schärfen. Ich helfe Euch mit Übungen, die Beate immer bei ihren Seminaren durchführt, aber zuerst wollen wir noch etwas weiterplaudern. Bestimmt werde ich noch das eine oder andere Mal über „Verantwortung" sprechen, aber nicht weil ich Ängste schüren möchte, sondern weil ich Euch auch auf Euer Ego aufmerksam mache. Ich, besser gesagt Beate, erzählt Euch nun eine kleine Geschichte dazu.

[Beate]: *„Seit ich anfing mit Tieren zu sprechen, waren die Feedbacks der Menschen immer überwältigend. Natürlich wuchs mein Vertrauen dadurch ungemein, und ich merkte dadurch nicht wirklich, dass ich alsbald glaubte, scheinbar immer „größer" zu werden. Es lief alles super für mich. Insgeheim schlichen sich Gedanken ein wie „Wow, ich bin wirklich gut." Ich verlor fast den Boden unter den Füßen, ich hob fast ab. Bis zu dem Tag, an dem ich ein niederschmetterndes Gespräch mit meiner ersten Mentorin aus der TK hatte. Sie wusste nicht, dass ich die Tierkommunikation jetzt auch professionell anbot, und erzählte mir vom aktuellen Trend, der sich gerade zeigen würde. „Jeder" würde auf einmal Tierkommunikator sein.*

Auch sprach sie darüber, dass Tiere alles wüssten und viele Menschen ständig tote Tiere ansprächen, nur um ihre eigenen Probleme zu lösen. Sie sagte, dass diese Menschen sehr verantwortungslos seien. Ich war nach diesem Gespräch zutiefst deprimiert, weil ich mir hinterher dachte: „Was kann ich denn eigentlich schon?!“ Und da ich auch mit Engeln kommuniziere, bat ich sie um Antwort. Ich fragte, was das alles zu bedeuten habe, warum ich so etwas zu hören bekomme und ob dies doch nicht mein Weg sei? Mein Engel sagte: „Doch meine Liebe, es ist Dein Weg, aber wir mussten dich wieder auf den Boden zurückholen.“ Ich war damals so dankbar und froh, dass ich es noch rechtzeitig erkennen durfte, und am Ende natürlich auch sehr erleichtert über diese Botschaft. Bis heute ist es mir nicht mehr passiert, dass ich auch nur ansatzweise den Boden unter den Füßen verloren hätte, oder dass ich nicht genügend Demut für das aufgebracht hätte, was ich tue. Mir ist seither klar, dass ich nur ein Sprachrohr bin und es rein gar nichts mit mir persönlich und meiner Person zu tun hat, sondern dass ich einfach nur dabei unterstützt werde, um als Vermittler zu dienen. Genau so sehe ich mich: Als Vermittler zwischen Tier und Mensch. Nicht als mehr und nicht als weniger! Und dafür bin ich aus tiefstem Herzen dankbar.“

Demut

Ein neues Wort? Demut zu zeigen, bedeutet nicht die eigene „Größe“ hervorzutun, sondern die Integrität und Fähigkeit, sich uns anzupassen. Ihr werdet Euch sehr viel leichter tun, wenn Ihr uns als gleichwertig betrachtet, als wirklich selbständig denkende Lebewesen mit eigenem Charakter und absolut eigenen Wünschen, eigenen Meinungen und natürlich auch eigenen Ansichten. Ich kann mir gut vorstellen, dass es vielen von Euch vielleicht zu Beginn nicht sehr leicht fallen wird, alles einfach so hinzunehmen wie wir es sagen. Ihr werdet Euch fragen: „Ist das wirklich möglich, dass mein Tier so viel oder so etwas weiß?“ Sicher ist es möglich, warum auch nicht? Viele von Euch glauben ja auch an einen Gott, ohne ihn oder sie jemals persönlich getroffen und gesprochen zu haben. Und nicht alles im Leben dreht sich nur um Euch, nicht alles was Ihr glaubt zu wissen, ist Gesetz. Wenn Ihr all das begreift und es einseht, wird Euch so viel gegeben werden, das kann ich Euch von Herzen versprechen. Ihr werdet erfahren, was es bedeutet, wahre Liebe zu fühlen und alles als eine einzige Einheit zu betrachten.

Vielleicht macht Ihr Euch einfach einmal ein bisschen kleiner, als Ihr seid, und hebt dafür andere etwas mehr hervor. Ich verlange das nicht von Euch, nein, aber die Erfahrung zeigt eindeutig, dass wir uns Euch dann umso mehr öffnen. Seid demütig mit dieser Sache und geht sorgsam damit um, lasst Ethik und Moral in Euer Herz. Nutzt die erhaltenen Antworten nicht zu Eurem Vorteil und manipuliert niemanden damit. Man kann sicherlich so gut wie alles erfahren, was man möchte, doch ob all die Informationen, insbesondere von fremden Tieren, immer so gut sind, ist sehr fraglich. Fragt Euch selbst immer, in wie weit Ihr in die Privatsphäre eines Menschen eindringen wollt, und vor allem wie weit es überhaupt nötig ist, um für „die Tiere“ das Beste herauszuholen. Es ist wichtig, dass Ihr das immer bedenkt, darum seid demütig und auch dankbar für diese tolle Gabe, die in jedem von Euch wohnt.

Liebe

Geht mit viel Liebe und offenem Herzen an die Gespräche heran, denn die Liebe ist der Schlüssel zu allem, auch zu unseren Herzen. Uns etwas vorzuspielen, und ich meine damit, Gefühle zu heucheln, ist zwecklos, wir durchschauen Euch, denn wir können in Eure Seele blicken. Wir erkennen Euer wahres Selbst. Und auch wenn Ihr denkt, Euer Selbst sei nichts wert, sehen wir trotzdem das Licht und die Liebe in jedem von Euch. Also zeigt Emotionen genauso, wie sie sind, absolut rein und ehrlich! Spielt uns nichts vor, es gilt unser Vertrauen zu gewinnen, und mit wahrer Ehrlichkeit geschieht dies am schnellsten. Nehmt uns bitte ernst und natürlich das, was wir Euch sagen. Meist zeigen wir mit unserem Verhalten auf, dass Ihr etwas ändern müsst, und darauf gilt es sich zu konzentrieren. Es ist natürlich nicht immer leicht für Euch, besonders dann nicht, wenn Ihr auf Eure Fehler aufmerksam gemacht werdet, denn es bedarf viel Ehrlichkeit und Mut, um sich Fehler einzugestehen. Es wird vorkommen, dass Euer Ego das erst einmal anders sieht. Beurteilt aber nicht sofort, was wir sagen, sondern denkt erst einmal darüber nach. Und meistens werdet Ihr erkennen, dass wir die Wahrheit sprechen. Ihr werdet erfreut und erstaunt sein zugleich über die Klugheit und Weisheit Eurer Tiere. Doch manchmal wird Euch Euer Stolz einen Streich spielen und davon abhalten wollen, gemachte Fehler zuzugeben. In solchen Fällen bleiben die Dinge dann meist beim Alten, denn diese Menschen denken dann oft: „Es soll sich schließlich das Tier ändern und nicht ich!“, oder auch: „Alles Unfug! Alles Quatsch!“ Ich sage Euch, in diesem Fall wird sich nichts verändern, und das Ende wird sein, dass alles wie gehabt bleibt und für niemanden positive Änderungen eintreten werden.

Ich bin der Ansicht, diese Menschen sind dann einfach noch nicht so weit, die ganze Tragweite des Lebens und des Universums wenigstens ansatzweise zu begreifen. Es wird aber sicher irgendwann anders sein, denn Eure Tiere werden es so lange versuchen, die Dinge so lange aufzeigen, bis Ihr sie annehmen könnt. Welch wunderbare Lehrer sie sind, Eure Tiere. Könnt Ihr es nicht sehen? Natürlich könnt Ihr es. Ich kann es fühlen, dass Ihr es könnt.

Eure Tiere sind so sehr mit Euch verbunden. Sie sprechen meist mit so viel Liebe und Gefühl von Euch, dass es vielen ganz kalt den Rücken hinablaufen wird. Es werden Tränen der Rührung fließen, vor allem wenn sie Eure Herzen berühren. Und sie tun es immer, wenn Ihr es nur zulasst.

Es ist ein Genuss zu beobachten, wie sich Beziehungen vertiefen und noch inniger werden. Ich hoffe, Ihr könnt diese Erfahrung auch selbst bald erleben. Meine Beziehung zu Beate wurde noch um ein Vielfaches tiefer und inniger. Sie sieht jetzt tief in mich und sie weiß, dass ich das auch bei ihr kann.

Im Moment fühle ich mich manchmal nicht so gut, und doch mache ich weiter, weil ich den Menschen meine Worte unbedingt noch nahe bringen möchte. Meine Zeit hier aber ist begrenzt. Es ist nicht immer einfach für Euch Menschen, solche Dinge zu hören, denn wir sprechen über das Leben im Allgemeinen, über die Liebe und den Tod und über vieles mehr. Nehmt es an, es wird wunderbar.

„Wie kann ich mit Tieren sprechen“

Bestimmt fragt Ihr Euch, wann es denn nun endlich so weit ist. Wann fange ich endlich an zu erklären, wie die Tierkommunikation funktioniert? Stellt Euch einfach vor, Ihr telefoniert mit einem Freund, Ihr wählt seine Nummer und dann ist er am anderen Ende der Leitung. Genauso einfach funktioniert das auch mit uns. Ich weiß, manch einer von Euch mag sich das so nicht vorstellen, denn Euer Verstand wird sagen: „So einfach kann das doch nicht sein.“ Aber genau das ist es: Einfach und leicht und wunderbar. Ihr baut nur eine Leitung von Eurem Stirn-Chakra zu unserem Stirn-Chakra. Wem es lieber ist, der kann auch eine Herzverbindung herstellen, uns ist das vollkommen egal. Ihr stellt Euch einfach diese Leitung oder Schnur vor, die uns miteinander verbindet, und über diese Leitung sendet Ihr dann einfach Eure Fragen. Auf dem gleichen Weg nun schicken wir unsere Antwort zurück. Es geht ganz schnell und ganz einfach. Es können Gefühle, Worte oder Bilder sein, die Ihr empfangt. Diese gilt es dann nur noch zu übersetzen. Apropos übersetzen: Natürlich wandelt der Mensch die Informationen und Schwingungen, die wir aussenden, in Euch verständliche Worte um.

Die Kommunikation selbst erfolgt auf verschiedenen Ebenen, und da wäre zu allererst einmal das „Hellsehen“. Viele Menschen haben diese Fähigkeit schon von Beginn an. Es bedeutet, dass Ihr unsere Mitteilungen in Bildern erhaltet, so dass ein regelrechter Film vor Euren Augen abläuft. Diesen Film gilt es zu beschreiben, und je detaillierter ihr die Bilder deutet und beschreiben könnt, umso besser ist es für die Menschen, für die Ihr es macht. Vielleicht wird es zu Beginn so sein, dass Ihr nicht alles sofort und klar erkennen könnt, aber Ihr wisst ja, es ist nur die Übung, die einen zum wahren Meister werden lässt.

Die zweite Art von Kommunikation ist das „Hellfühlen". Wenn Ihr empfänglich für diese Art der Kommunikation seid, dann habt Ihr das Talent, unseren Gefühlszustand zu erspüren. Manchmal können die Gefühle sehr überwältigend und sehr intensiv sein. Habt aber keine Angst. Wir möchten Euch damit nicht erschrecken oder vergraulen, deswegen passen wir schon auf, was Ihr vertragen könnt. Trotzdem kommt es manchmal vor, dass ein Gespräch sehr unter die Haut geht. Es gibt Übungen, die man zu seinem Schutz machen kann, vergesst sie bitte niemals, damit Euch solch starke Empfindungen nicht aus der Bahn werfen. Genau wie bei Bildern gilt es auch hier, empfangene Gefühle so genau wie möglich zu beschreiben. Manchmal ist das gar nicht so einfach, weil man Gefühle oft nicht so gut in Worte kleiden kann, und trotzdem müsst Ihr versuchen, sie eben so gut wie möglich wiederzugeben. Es gibt Gefühle, die sich sehr ähnlich sind und trotzdem sehr verschieden. Als Beispiel möchte ich Traurigkeit und Melancholie erwähnen. Ähnlich, aber nicht gleich. Ich denke Ihr versteht, was ich meine.

Die Frage, ob nun alle Menschen Hellfühlen können, muss ich leider mit Nein beantworten. Meistens ist es so, dass Menschen zu Beginn ein oder zwei verschiedene Arten der Kommunikation mit uns sehr gut beherrschen. Und in den meisten Fällen stellt sich mit der Zeit ohnehin jede Form der Kommunikation ein. Ob aber alle so ausgeprägt sind wie die bereits zu Beginn vorhandenen Gaben, würde ich eher bezweifeln. Ich denke, jeder hat so seine Stärken, und die liegen in den ganz unterschiedlichen Empfindungen eines jeden Einzelnen.

Als dritte Art der Kommunikation wäre dann noch das „Hellhören" zu erwähnen. Das ist die Form, die von den meisten wahrgenommen wird. Es sind pure Gedanken, die dann in Eurem Kopf sind. Und wenn Ihr einmal ein bisschen darin geübt seid, werdet Ihr auch die verschiedenen Stimmen der Tiere wahrnehmen können. Meine Stimme z.B. ist sehr weich und liebevoll, auch lustig und fröhlich. Beate würde es wohl so beschreiben.

[Beate]: *„Du hast Recht meine Liebe!"*

Wenn Ihr erst einmal die verschiedenen Tonlagen hören könnt, dann habt Ihr damit die Bestätigung, mit uns verbunden zu sein. Manchmal nun kann es sich auch wie die eigene Stimme anhören. Ich gebe zu, dann ist es wesentlich schwieriger. Zu Beginn ist es bei manchen genau so. Und sollte Euch unerwartet ein Lächeln auskommen, eine Träne die Wangen herunterlaufen, dann seid Euch sicher, dass Ihr mit uns verbunden seid. Aber auch wenn Ihr keine solch starken Emotionen empfindet und nur die eigene Stimme hört, so sind diese Gedanken dennoch von uns. Es bedarf dann einfach Eures Glaubens und Vertrauens, und daran wird der eine oder andere sicherlich arbeiten müssen. Denn manchmal schleicht sich Euer Verstand mit ein. Umso mehr Ihr jedoch übt, umso leichter werdet Ihr es am Ende unterscheiden können. Ein Gespräch mit uns ist leicht, nicht kompliziert. Die Tiere werden Euch dabei helfen und unterstützen, eben genau deswegen: weil sie wollen, dass Ihr mit ihnen sprecht. Es funktioniert so gut und schnell, dass Ihr gar keine Zeit haben werdet, genauer darüber nachzudenken. Sobald die Frage gestellt wurde, ist die Antwort auch schon in Eurem Kopf. Es ist ganz leicht, und ich weiß genau, was jetzt und in diesem Moment in Euren Köpfen vorgeht. Ihr könnt es nicht wirklich glauben. Aber glaubt mir ruhig, ich habe diese Gedanken schon hunderte Male und immer wieder gehört. Und immer wieder haben diese Menschen dann doch festgestellt, dass es genau so ist, wie ich es sage: Leicht und schnell.

Sollte jedoch die Antwort einmal nicht da sein, dann klopft Euer Ego an die Tür. Eure Gedanken und Überlegungen mischen sich ein, deswegen bekommt Ihr dann auch keine Antwort. Es kann natürlich auch möglich sein, dass Eure Tiere auf eine bestimmte Frage einfach nur keine Antwort geben möchten. Geht in so einem Fall zur nächsten Frage weiter und haltet Euch nicht zu lange mit einer nicht beantworteten Frage auf. Ich spüre immer diesen Druck, den Ihr Euch selbst macht. Die Angst, die den Kanal blockiert und zulässt, dass Ihr sagt, Ihr hättet nichts gehört, es wäre so viel anderes in Eurem Kopf usw. Am Besten steht Ihr bei solchen Erlebnissen auf, hüpft im Kreis und lacht ganz laut über Euch selbst und fangt dann einfach noch einmal von vorne an. Manchmal ist es auch hilfreich, dem Verstand zu sagen: „Hey, ich habe Dich registriert, ich weiß, dass Du da bist. Es wäre allerdings nett, wenn Du mir helfen würdest und mir nicht im Weg stündest.“ Ihr werdet sehen, dann klappt es. Auf Seminaren habe ich schon oft festgestellt, dass es bereits hilft wenn Beate nur daneben steht und sagt: „Was siehst Du jetzt? Schreibe es einfach auf. Ich spüre und fühle, dass Du es schon bekommen hast.“ Und wisst Ihr was komisch ist? Diese Menschen verstehen es dann auch und schreiben alles auf, was zwar vorher schon da war, aber durch eine Blockade irgendwie nicht greifbar gewesen ist. Es macht mich dann immer sehr selig, dass alles so ist, wie es sein soll, dass es dann doch funktioniert. Vor allem sind diese Menschen hinterher sehr erstaunt, wie einfach doch alles ist, wenn nur der Knoten erst geplatzt ist.

Vor der Kommunikation

Um Euch ein bisschen auf den Weg zu helfen, werden Beate und ich nun verschiedene Übungen aufzeigen. Sie sollen Euch dabei helfen, Eure Gedanken zu kontrollieren. Es gibt gewisse Dinge, die Ihr vor einer Kommunikation beachten und tun solltet. Beate meint immer, jeder soll für sich herausnehmen, was für ihn stimmig ist, weil es für die verschiedenen Bereiche natürlich auch unterschiedliche Übungen gibt.

Energetische Reinigung

Dem Zweck dieser Übung liegt die Tatsache zugrunde, dass in unser aller Aura sämtliche Gefühle, Gedanken, Traumen und Emotionen gespeichert werden. Egal, ob dort Liebe oder Zorn zu finden ist, wir Tiere können es sehen. Hellfühlende Menschen können so etwas meist auch spüren und wahrnehmen. Es ist Euch nicht möglich, uns Emotionen vorzuspielen, die Ihr nicht empfindet. Denn wie gesagt: „Wir können sie sehen!" Um sich von Sorgen, Ärger, Zorn, Ängsten und anderen negativen Emotionen und Gedanken zu befreien, ist eine kurze energetische Reinigung zu empfehlen. Sie hilft Euch nicht nur dabei, vor einem Tiergespräch wieder ins Gleichgewicht zu kommen, sondern auch, wenn Ihr Euch aus welch Gründen auch immer in einem Gefühlschaos befindet. Wenn Ihr Euch über einen Menschen geärgert habt oder Stress in der Arbeit hattet, macht diese Reinigung spätestens, bevor Ihr zu Bett geht, und Ihr werdet Euch unglaublich befreit und erleichtert fühlen. Ihr seid dann in der Lage zu vergeben und zu verzeihen. Nehmt Eure Wut nicht mit in den Schlaf, der eigentlich der Erholung dient, sondern übergebt sie einfach dem Universum. So werdet Ihr Euer Gleichgewicht wieder finden und Euch gut fühlen. Ihr lieben Menschen, ich hoffe so sehr, dass Ihr meine Ratschläge annehmen und die erste Übung genießen könnt.

Meditation

[Beate]: *„Du sitzt oder liegst ganz bequem. Atme tief ein und wieder aus und lasse alle Spannung von Dir fallen. Du atmest ein und wieder aus. Du merkst jetzt, wie Du mit jeder Ausatmung mehr zur Ruhe kommst.*

Vor Deinem geistigen Auge siehst Du jetzt drei Stufen die nach unten führen. Gehe nun die erste Stufe und atme wieder tief ein und aus. Gehe dann die zweite Stufe nach unten und atme wieder tief ein und aus. Jetzt gehst Du die dritte Stufe nach unten und stehst vor einem großen Tor. Öf-

nun dieses Tor und gehe hindurch. Vor Deinen Augen erscheint eine wunderschöne Landschaft, eine Landschaft, die Deiner Phantasie entspricht. Du siehst jetzt einen Weg, der durch Deine Landschaft führt, einen Weg, dem Du nun folgen wirst. Du genießt die Ruhe und Stille, die Dich umgeben. Du hörst die Vögel zwitschern und den Wind im Blätterwald rauschen.

Gehe nun so lange weiter, bis Du vor Dir einen wunderschönen großen Wasserfall siehst. Das Wasser ist rein und klar. Unterhalb davonerstreckt sich ein herrlicher See. Der Wasserfall lädt Dich ein, eine Reinigung durchzuführen. Gehe jetzt zu diesem Wasserfall und stelle Dich direkt darunter. Du fühlst, wie das kühle Nass langsam Deinen Körper hinabläuft. Reinige nun Deinen Körper und befreie ihn von allen negativen Gedanken, Zweifeln, Ängsten und Emotionen, von allem was Dich belastet und blockiert. Spüle es ganz weg. Du merkst, wie diese Gedanken und Emotionen mit dem Wasserlauf nun Deine Körperschicht verlassen. Bleibe unter dem Wasserfall so lange stehen, bis alle Emotionen, die Dich belasten und blockieren, entfernt sind und Du Dich völlig frei und rein fühlst. Sobald Du damit fertig bist, merkst Du, wie Du in einem weißen Licht erstrahlst. Du fühlst Dich absolut sauber und rein, befreit und gelöst.

Wenn Du so weit bist, dann gehe den Weg wieder zurück bis zum Tor. Schreite hindurch, gehe die drei Stufen nach oben und öffne Deine Augen. Du bist jetzt wieder ganz im Hier und Jetzt. Du bist wieder ganz da.“

Bestimmt könnt Ihr nun fühlen, wie aller Ballast abgefallen ist. Ist es nicht wunderbar, sich frei und rein zu fühlen? Es gibt natürlich viele unterschiedliche Übungen, die genau den gleichen Zweck erfüllen. Welche dieser Übungen Ihr dabei erlebt, ist gar nicht wichtig. Wichtig ist nur, dass Ihr eine davon macht und Euch bei dem Ganzen selbst nicht vergesst. Ihr Menschen vergesst Euch selbst nur allzu oft und denkt nicht daran, dass auch Ihr als „Mittler“ nicht zu kurz kommen solltet, damit Ihr Eure Lebensaufgabe finden und auch erfolgreich ausführen könnt.

Erden - Werde ein Baum

Viele fragen sich nun bestimmt, was dieses Erden eigentlich ist. Erden bedeutet, Wurzeln zu bekommen und sich mit Mutter Erde zu verbinden. Warum Ihr das tun sollt? Ganz einfach: Damit Ihr nicht abhebt, sondern immer schön mit der Erde in Kontakt bleibt. Damit nicht nur Eure Energien fließen, sondern auch die Energien von Mutter Erde und Vater Kosmos. Wenn Ihr mit Tieren, mit Engeln, oder anderen Wesenheiten kommunizieren möchtet, dann solltet Ihr unbedingt geerdet sein. Außerdem hilft Euch diese Übung, wenn Ihr sie regelmäßig macht, in Eurer Mitte zu bleiben, im Gleichgewicht und zentriert. Wenn ihr mit Mutter Erde oder Vater Kosmos verbunden seid, wird nicht nur Eure Energie fließen, nein, es werden Euch auch ihre Energien zur Verfügung stehen. So wird es nicht passieren, dass Ihr am Ende völlig erschöpft seid. Das Gegenteil wird passieren. Ihr werdet energiegeladen und voller Kraft sein.

Ich weiß, ich bin „ein Hund“, der all dies an Euch weitergibt, aber im Grunde ist es meine Seele, die Euch all das mitteilt. Es gibt so vieles, das Euch unterstützen kann, Euch helfen und auch weiterbringen könnte, Ihr müsst es nur ausprobieren. Wenn Ihr diese Übung zu einem morgendlichen Ritual macht, dann werdet Ihr gut gewappnet in den Tag starten. Ihr werdet in Eurer Mitte sein, standhaft bleiben und nicht aus dem Gleichgewicht geraten. Ihr werdet stabil sein und zu Euch finden. Ihr werdet Euch fühlen wie der große Baum in unserem Garten. Probiert es einfach aus, Ihr werdet sehen, was passiert.

Meditation

[Beate]: *„Schließe jetzt Deine Augen und atme ruhig und tief ein und wieder aus. Wieder ein, und wieder aus. Fühle nun, wie Wurzeln aus Deinen Fußsohlen wachsen. Fühle, wie sie durch den Boden hindurch immer weiter nach unten dringen bis zur Erde. Du fühlst jetzt die lockere Erdschicht und dringst immer weiter in das Erdreich vor. Durch den Sand, den Lehm, so weit nach unten, bis Du am Mittelpunkt der Erde angekommen bist.*

Du fühlst, wie Deine Beine immer fester auf dem Boden stehen, nichts könnte sie bewegen. Sie werden immer fester und fester, nichts könnte Dich aus dem Gleichgewicht bringen. Mit jeder Einatmung ziehst Du die Energie von Mutter Erde in Deinen Körper hinauf. Du merkst, wie die Energie durch deine Wurzeln immer weiter nach oben läuft und über Deine Fußsohlen in Deinen Körper eindringt. Sie wandert über Deine Beine nach oben in Deinen Bauchraum, Deinen Oberkörper, Deine Arme und Deinen Kopf. Jede Zelle Deines Körpers nimmt jetzt diese Energien von Mutter Erde auf. Mach das so lange, bis Du völlig im Gleichgewicht mit Dir bist.

Gleichzeitig merkst Du, wie aus Deinen Armen Äste entspringen und immer höher und höher in den Himmel wachsen. Sie wachsen und wachsen, bis sie das Himmelszelt erreichen. Du nimmst jetzt mit jeder Einatmung kosmische Energien in Dir auf. Du merkst, wie diese Energien über die Äste in Deine Arme eindringen und weiter in Deinen Brustraum fließen, in Deinen Bauch bis hinunter zu den Zehen. Jede Zelle Deines Körpers nimmt jetzt kosmische Energien in sich auf. Du merkst, wie Du immer kräftiger wirst und Dich regelrecht energiegeladen fühlst. Mach das so lange, bis Dein ganzer Körper von dieser Energie vollständig ausgefüllt ist. Du fühlst Dich nun stabil, geerdet und zentriert.

Wenn Du genügend Energien aufgenommen hast, dann ziehe Deine Äste langsam wieder zurück, und auch Deine Wurzeln wandern langsam Schicht für Schicht bis zu Deinen Fußsohlen zurück. Du bist nun völlig geerdet und zentriert, absolut in Deiner Mitte. Wenn Du dieses Gefühl erreicht hast, dann öffne Deine Augen und sei wieder ganz im Hier und Jetzt."

Bestimmt konntet Ihr die Wurzeln gut spüren. Sollte es Euch schwer gefallen sein, die Wurzeln in den Boden zu bekommen, dann wird es höchste Zeit, mit dieser Übung zu beginnen. Ihr seid dann nicht verwurzelt und neigt dazu abzuheben oder vielleicht auch dazu, unter Stimmungsschwankungen zu leiden und nicht in Eurer Mitte zu sein. Wie ich schon sagte, wendet diese Übung täglich an und Ihr werdet stabil und fest werden wie ein Baum.

Schützen des eigenen Energiekörpers

Manche Menschen behaupten ja, dass „Schutz" nicht wichtig wäre. Bittet aber bei Gesprächen, egal ob Ihr mit uns Tieren oder auch mit Engeln und anderen Wesen sprecht, immer um ausreichend Schutz.

In der nächsten Übung stelle ich Euch Euren Beschützer vor. Ihr könnt aber auch zu jeder Zeit die Engel, liebe und bereits verstorbene Verwandte, einen himmlischen Vater oder eine himmlische Mutter um Schutz bitten. Es gibt Licht und auch Schatten, Hell und Dunkel und natürlich auch sehr starke Emotionen, auf die Ihr eventuell nicht gefasst seid. Es fließen eine Menge unterschiedlicher Energien, und natürlich möchten auch wir geschützt sein. Wenn Ihr mit eigenen Tieren sprecht und Euch nicht dabei schützt, dann ist das nicht so schlimm, aber im Großen und Ganzen solltet Ihr Eure Schutzübungen in ein tägliches Ritual an Übungen einbauen, damit Ihr sie nicht mehr vergesst. Auch wir möchten vor starken Emotionen geschützt werden oder auch anderen Dingen, die Euch umgeben, die Ihr selbst vielleicht gar nicht sehen oder wahrnehmen könnt. Ich möchte ganz bestimmt keine Ängste schüren, wirklich, es dient letztlich nur Eurem und auch zu unserem Besten. Manche Menschen sehen diese Thematik als nicht so wichtig an, aber ich und meine Liebe sind davon überzeugt, dass es sowohl für Euch als auch für uns sehr, sehr wichtig ist.

Wenn Ihr mit uns Tieren sprecht, wisst Ihr nicht, was Euch erwartet. Ihr kennt uns ja vorher meistens nicht, so dass Ihr nicht wissen könnt, welche Gegebenheiten im dortigen Zuhause anzutreffen sind oder welche Gefühle ein Tier in sich trägt. Es können Emotionen auf Euch eintreffen, die so heftig sind, dass Ihr sie tagelang nicht mehr vergesst und sie Euch ewig beschäftigen. Beate hatte einmal ein Gespräch, das sehr traurig war, weil sich das Tier von seinen Menschen nicht geliebt fühlte. Es herrschte sehr viel Traurigkeit in diesem Gespräch, eine derart ausgeprägte Traurigkeit, dass Beate zu diesem Zeitpunkt noch gar nicht damit umgehen konnte. Und sie war damals auch nicht geschützt. Während des Gesprächs wurde das Tier eingeschläfert. Wochenlang ging es Beate danach nicht gut und wochenlang weinte sie, wenn sie nur daran dachte. Ich denke Ihr versteht jetzt, warum es wirklich notwendig und wichtig ist, sich ausreichend zu schützen.

Ihr müsst nicht denken, dass man auf irgendeine Weise „besetzt" werden könnte, nein, so meine ich das nicht. Es geht schlicht um Eure Aura, Euer ICH, das geschützt werden sollte. Es gibt nichts, wovor man sich fürchten müsste, und doch gibt es Energien, die man nicht wirklich haben will. Sollte es aber doch einmal passieren, dass Euch etwas belastet, was nicht zu Euch gehört, so bittet einfach den Erzengel Michael, alles zu durchtrennen, was nicht zu Euch gehört, und alles zu entfernen, was Euch belastet und blockiert. Ihr werdet Euch sofort besser fühlen, versprochen. Zu Beginn, wenn Ihr Euch auf diese Energien einstellt, wird es Euch wahrscheinlich noch gar nicht auffallen, wenn etwas nicht stimmt, aber Ihr könnt es recht eindeutig an unerklärlichen und plötzlich auftretenden Kopf- und Nackenschmerzen oder auch an seltsamen Stirnkopfschmerzen erkennen, die einfach nicht verschwinden wollen. Auch werdet Ihr das Gefühl haben, irgendwie gereizt, ärgerlich, müde oder auch wütend zu sein, oftmals ohne einen bestimmten Grund dafür zu haben, einfach so, als wärt Ihr einfach nicht Ihr selbst. Je länger man aber auf dieser Ebene arbeitet und sich ernsthaft damit beschäftigt, umso feinfühliger wird man. Ihr werdet Eure Schwingungen erhöhen und dadurch solch niedere Energien sofort spüren können.

Und wie ich schon sagte, die Möglichkeiten sind unzählig, es gibt also viele Arten sich zu schützen. Ein Gebet, einen Lichtkreis, die Engel um Hilfe bitten, Eure Krafttiere motivieren, und auch alles, was Euch sonst noch einfällt. In der kommenden Übung werdet Ihr den eigenen Beschützer finden. Wenn Ihr ihn nicht sofort sehen könnt, dann seid nicht traurig, vielleicht spürt Ihr ihn erst einmal nur. Irgendwann, wenn die Zeit dafür reif ist, wird er sich Euch in jedem Fall zeigen.

Meditation

[Beate]: *„Schließe Deine Augen und atme tief ein und wieder aus. Folge Deinem Atem, aber beeinflusse ihn nicht. Schaue zu, wie sich Dein Brustkorb hebt und wieder senkt. Spüre, wie die Wurzeln aus Deinen Füßen wachsen und tief in die Erde eindringen.*

Lege nun Deine Hände auf den Solarplexus, das Zentrum unterhalb Deines Brustkorbes, und atme tief ein und wieder aus. Fühle ganz tief in Dein Herz hinein und spüre die Liebe und die Freude darin. Beobachte Deine Gefühle und merke, wie Du immer ruhiger wirst. Du bist erfüllt von Liebe und Freude, denn Du spürst nun Dein Innerstes selbst. Wie sieht Dein Innerstes aus? Wie fühlt es sich an? Ist es ein Tier, ein Gefühl, oder vielleicht eine Farbe? Fühle ganz tief in Dich hinein, denn erst wenn das Bild stimmig ist, hast Du Dein Innerstes gefunden. Dein Innerstes, das Du nun schützen möchtest. Wenn Du es richtig spüren und fühlen kannst, dann rufe Deinen Wächter. Jemanden, der bereit ist, Dein Innerstes zu beschützen. Was fühlst Du? Wen siehst Du? Wer zeigt sich Dir? Wie sieht er oder es aus? Wenn Du Dir nicht sicher bist, ob dies nun Dein Wächter oder Beschützer ist, dann frage einfach danach. Wenn Du eine Zustimmung erfährst und mit Deinem Wächter einverstanden bist, dann präge ihn Dir fest ein. Ab Heute wird er Dein persönlicher Schutz für Dein Innerstes sein. Fühle ihn ganz stark, Dir kann nichts mehr passieren, denn Dein Wächter beschützt Dein Innerstes „Ich".

Bedanke Dich nun bei Deinem Wächter für seine Hilfe und komme dann langsam wieder zurück. Öffne Deine Auge, und sei wieder ganz im Hier und Jetzt."

Bestimmt konntet Ihr dabei eine wunderschöne Erfahrung machen. Ich hoffe, dass Ihr Euren wahren Beschützer gefunden habt. Und wenn nicht, ist das auch nicht weiter schlimm, weil Ihr zu jeder Zeit Gott, die Engel oder sonstige spirituelle Helfer um Hilfe bitten könnt. Denkt immer daran: „Wenn Ihr darum bittet, wird Euch Hilfe zuteil."

Gedanken wegschicken

Hier geht es nun um das, was vielen Menschen am schwersten fällt: Einfach einmal still im Inneren zu sein. Es ist nicht immer einfach für Euch, all die lauten Gedanken in Euren Köpfen abzustellen. Daher werde ich Euch jetzt ein paar Übungen aufzeigen, die Ihr täglich ausführen könnt. Sie werden Euch dabei helfen, auf jeden Fall ruhiger im Geist zu werden. Genau wie bei Gesprächen mit Tieren ist auch das eine reine Übungssache. Je öfter man es versucht, umso leichter fällt es einem am Ende.

Meditieren

Die Meditation ist eine Möglichkeit, Körper und Geist in eine erholsame Schwingung zu bringen. Es ist auch für uns Tiere sehr schön, zumindest ich finde es total schön, wenn meine Liebe ihre Musik einlegt und ihre Gedanken zur Ruhe bringt. Meditationen haben eine sehr starke Wirkung, denn sie dienen dazu, den eigenen Akku wieder aufzuladen. Sie dienen der Erholung, der Ruhe, der Sensibilisierung, der Schärfung der Sinne, der Reinigung und auch dazu, Antworten zu erhalten. Und eine Meditation im Beisein von Tieren wird immer von allen gut aufgenommen, denn auch wir Tiere laden unsere Energie durch Musik und Eure Seelenreisen wieder auf.

Wirkt sich eine Meditation auf den Erfolg von Tiergesprächen aus?

Ja und Nein. Es bedeutet nicht, dass Menschen die niemals meditieren, nicht mit Tieren sprechen können. Auch diese Menschen werden uns verstehen, habt also keine Angst, wenn Ihr noch keine Erfahrung mit Meditationen habt. Ihr müsst deswegen natürlich nicht auf Gespräche mit uns verzichten, denn meine Erfahrung zeigt, dass es im Grunde keine wirkliche Rolle spielt. Viele Menschen, die Beates Seminare besuchen, haben vorher noch nie meditiert, und trotzdem erreichen auch sie unsere Frequenz. Sie können uns hören, die Bilder sehen und fühlen, was wir Ihnen vermitteln. Ihr seht also, dass es sehr wohl auch ohne Meditation geht. Allerdings erhöht sich durch eine Meditation Euer Schwingungsfeld. Meditation wirkt sich auf Euren Geist aus, so dass Ihr empfänglicher seid, um Eure Aura zu stärken und zu reinigen, viel mehr Gespür erlangt und noch viel feinfühliger werdet.

Meditationen beeinflussen Euer ganzes Wohlbefinden zum Positiven. Sie stärken Euch, helfen Euch dabei Entscheidungen zu treffen oder auch Antworten zu finden. Sie helfen Euch, Kraft zu tanken und „im Inneren“ ruhiger zu werden, Eure Intuitionen zu spüren und ihnen zu folgen, um Stabilität zu erlangen. Sie erfüllen Euren Körper mit

Kraft und schenken Euch neue Energien, die man vor allem dann schöpfen sollte, wenn man sich müde und ausgelaugt fühlt. Sie erhöhen im Laufe der Zeit die eigenen Schwingungen, was wiederum dazu führt, dass Euer Geist alles besser und klarer aufnimmt. Keine Meditationen durchzuführen, hindert Euch natürlich nicht daran, uns zu verstehen, aber wenn Ihr vor einem Gespräch mit Tieren meditiert, werdet Ihr Eure Wahrnehmung in jedem Fall verbessern, so dass einfach klarere Antworten wahrgenommen werden. Es wird Euch in jedem Fall dabei helfen, klarer im Kopf zu werden, Eure Gedanken zu klären und Antworten schneller und deutlicher zu empfangen. Wenn Ihr täglich nur fünf bis zehn Minuten meditiert, dann erhöhen sich Eure Schwingungen und Wahrnehmungsfähigkeiten sowie Eure Sensitivität immens.

Auf die Frage, ob man meditieren muss, um uns Tiere zu verstehen, sage ich klar und deutlich: „NEIN!" Fragt man allerdings, ob man durch eine Meditation Tiere besser verstehen kann, dann bin ich mir ebenso sicher, dass dem so ist.

Meditationen dienen aber im Grunde auch dem körperlichen und geistigen Wohl, sie dienen Eurer Entwicklung. Meditationen sind nicht anstrengend oder stupide und langweilig, sie sind einfach nur eine Hilfe dabei, die eigenen Schwingungsfrequenzen zu erhöhen, Energie und Kraft zu tanken und die eigenen Sinne in allen Bereichen vollständig auszuweiten und zu schärfen. Sie öffnen den Kanal der Kommunikation vollständig, und Ihr werdet erfreut sein über die Klarheit der Worte, die Ihr empfangen könnt. Natürlich geht das alles nicht von heute auf morgen, denn wie ich schon sagte: „Wachstum braucht einfach seine Zeit." Vor einem Tiergespräch zu meditieren hilft in jedem Fall dabei, uns einfach klarer zu verstehen. Und wenn Ihr täglich, ob nun morgens, mittags oder abends meditiert, wird eine direkte Meditation vor einem Tiergespräch nicht mehr nötig sein, weil Ihr Euch sofort auf eine höhere Frequenz einstellen könnt.

Mein Wunsch ist es, dass Ihr alle Hilfsmittel, die Eure Zweifel beseitigen, in Anspruch nehmt, und die Meditation ist eines davon. Ich möchte, dass Ihr alle uns verstehen und dabei sicher sein könnt, dass Ihr es könnt. Versucht es einfach, trainiert Euch und Ihr werdet wundervolle Erfahrungen machen.

Entspannungsmeditation

[Beate]: *„Du liegst ganz bequem und schliesst Deine Augen. Atme ruhig ein und wieder aus. Ein und wieder aus. Mit jeder Ausatmung merkst Du, wie Dein Körper immer fester auf dem Boden liegt. Du lockerst nun Deine Kopfhaut, Deine Augenbrauen und alle Muskeln um Nase und Mund herum. Nun entspannt sich auch Dein Kinn, und mit jeder Ausatmung merkst Du, wie Dein Kopf und Dein Gesicht immer lockerer werden.*

Nun entspannen sich auch Deine Schultern, und Du spürst wie die Last des Tages abfällt und sie locker und weich werden lässt. Auch Deine Arme liegen ganz leicht neben Deinem Körper. Dein Brustkorb hebt und senkt sich, Deine Lunge und Dein Herz können sich nun ebenfalls entspannen. Du wirst immer ruhiger und mit jeder Ausatmung merkst Du, wie Dein Oberkörper sich immer lockerer und weicher anfühlt.

Das Gefühl dehnt sich nun aus bis in den Bauchraum, und Deine Bauchdecke fühlt sich nun ebenfalls locker und weich an. Nun liegt auch Dein Becken ganz leicht auf dem Boden, und das angenehme Gefühl ergreift jetzt auch von Deinen Beinen und Füßen Besitz. Mit jeder Ausatmung merkst Du, wie Deine Beine und Füße immer lockerer und weicher werden..

Du befindest Dich nun in einem Zustand der ab holung. Du bist ruhig und leicht.

Jetzt möchtest Du auch im Geist frei werden. Du lässt die Gedanken kommen und wieder gehen, sie sind jetzt nicht mehr wichtig und haben keinerlei Bedeutung für Dich. Du gehst nun in ein Zimmer, es ist ganz weiß. Es hat ein Fenster und eine Tür, sonst ist der Raum absolut leer. Nur Du und Deine Gedanken sind hier. Doch sie sind nicht wichtig. Mit jeder Ausatmung schickst Du nun einen Gedanken aus der Tür oder aus dem Fenster. Du bläst ihn hinaus oder verpackst ihn, oder Du bittest ihn einfach zu gehen, weil jetzt der Zustand der absoluten Ruhe und Stille eintreten soll. Mit jeder Ausatmung werden Deine Gedanken weniger, bis schließlich Dein Kopf frei von jeglichem Gefühl oder Gedanken ist. Du bist jetzt in einem Zustand der absoluten Erholung und Ruhe. Genieße nun den Augenblick der Stille. Es ist ruhig, ganz ruhig, ganz ruhig.

Sollte sich dennoch wieder ein Gedanke einschleichen, schicke ihn einfach erneut aus der Tür oder dem Fenster und sage ihm, dass Du nun absolute Ruhe und Stille willst. Bitte ihn zu gehen und nicht mehr wiederzukommen. Es wird nun wieder ganz ruhig, ganz ruhig, ganz ruhig.

Langsam nimmst Du Deine Umgebung wieder wahr, Deinen Körper und auch Deinen Geist. Wenn Du nun möchtest und dazu bereit bist, dann öffne langsam Deine Augen. Du bist jetzt wieder ganz im Hier und Jetzt und fühlst Dich vollkommen ausgeruht und entspannt.“

Ich bin überzeugt, Ihr fühlt Euch jetzt völlig ausgeruht und ruhig. Ich hoffe auch, dass Euer Geist im Moment von allen unwichtigen Dingen des Lebens befreit ist. Jetzt wäre der perfekte Augenblick, um ein Gespräch mit Tieren zu beginnen. Da wir aber noch nicht so weit sind, werden wir noch etwas mehr darüber sprechen, wie man die eigenen Gedanken ganz entfernen kann. Eine weitere Möglichkeit, Euren Geist frei zu bekommen, ist eine Übung, die ich ganz lustig finde. Sie ist nicht ganz einfach und der eine oder andere von Euch wird bestimmt glauben, dass das gar nicht geht, aber glaubt mir, es geht.

Nichts denken

[Beate]: *„Zur nächsten Übung möchte ich, dass Du eine Kerze entzündest. Atme nun ganz tief ein und wieder aus und konzentriere Dich nur auf diese eine Kerze. In Deinem Geist sind vielleicht noch so manche Gedanken, die Du jetzt aber ausbremst, in dem Du Dir nur das Wort „Kerze" vorsagst.*

Kerze - Kerze - Kerze - Kerze - Kerze - Kerze - Kerze - Kerze - Kerze - Kerze - Kerze - Kerze - Kerze – Kerze

Wenn Du Dir das Wort gut eingeprägt hast und nur noch dieses eine Wort in Deinem Geist hast, dann lasse auch dieses Wort einfach weg. Es sind vielleicht nur ein paar Sekunden, in dem das Wort tatsächlich weg ist, aber Du wirst den kurzen Augenblick der absoluten Stille wahrnehmen können. Je öfter Du diese Übung machst, umso länger kannst Du nach und nach „nichts" denken. Und wirklich nichts zu denken kann wirklich super erholsam sein."

Was noch wichtig ist

Vieles habe ich Euch nun schon erzählt, über die Stille, die Erdung, den Schutz und die energetische Reinigung. Jetzt ist es an der Zeit, dass wir einen Schritt weitergehen.

Ich habe Euch auch über Verantwortung schon so einiges gesagt, so dass es nun an der Zeit ist, sie noch einmal in Erinnerung zu bringen. Man sollte sie niemals aus den Augen lassen, immer wieder daran denken. Seid stets von Liebe erfüllt und seht Euch als reine Vermittler der Tiere. Wir bauen viel Vertrauen zu Euch auf und hoffen sehr, dass Ihr uns nicht zu manipulieren versucht, sondern uns helft und unterstützt. Wir möchten eine Lösung finden, gemeinsam. Bitte vergesst das nie!

Ethik ist ein weiterer Punkt, der sehr wichtig ist. Dazu gehört, dass Ihr Euch immer erst die Erlaubnis einholt, mit uns sprechen zu dürfen. Wenn Euch Menschen sagen, dass sie nicht möchten, dass Ihr mit ihrem Tier sprecht, dann macht das bitte auch nicht. Denkt an Eure Verantwortung. Was würde sich für das Tier ändern, wenn es ungebeten Wünsche aussprechen würde? Was würde sich für das Tier ändern, wenn es Hilfe bräuchte? Was würdet Ihr dann tun? Was könntet Ihr erreichen? Darum fragt die Menschen um Erlaubnis, und hört auf das, was er oder sie Euch sagen.

Wie fange ich an

Nehmt einfach ein Bild Eures Tieres und schaut es Euch genau an. Stellt Euch nun eine Brücke zu Eurem Tier vor und schickt ihm ganz viel Liebe. Dann nehmt einen Block und einen Stift zur Hand und schreibt Eure erste Frage auf. Unmittelbar darauf habt Ihr einen Gedanken, ein Bild oder ein Gefühl in Euch, das Ihr nun aufschreiben solltet.

Ihr solltet über die empfangenen Eindrücke nicht nachdenken, sie nicht werten, sondern einfach nur aufschreiben. Seid Euch sicher, es sind nicht Eure Gedanken, sondern die des Tieres, mit dem Ihr gerade sprecht. Wenn es Euch leichter fällt, dann kommuniziert zuerst mit einem Tier, das Euch nicht so bekannt ist. Wählt eines, das Ihr nur flüchtig kennt. So habt Ihr nicht die Ausrede, dass Ihr von Eurem Tier eh schon alles wisst. Probiert es einfach aus, es ist wirklich ganz einfach. Und da es zu Anfang nicht so einfach ist, vorab konkrete Fragen bereit zu haben, habe ich hier ein paar zusammengestellt. Solche Grundsatzfragen dienen dazu, dass Ihr sicherer werdet, und nach und nach versteht, dass die Antworten richtig sind.

1. Wie geht es Dir?
2. Wie fühlst Du Dich?
3. Was frisst Du am Liebsten?
4. Hast Du eine Erkrankung?
5. Wo ist Dein Lieblingsplatz?
6. Was spielst Du am Liebsten?
7. Gibt es etwas, das Du erzählen möchtest?
8. Wie bist du so?
9. Magst Du über Dich erzählen?
10. Möchtest Du Deinen Menschen etwas ausrich

Wenn Ihr mit uns öfter sprecht, werden Euch bestimmte Fragen immer wieder begegnen. Alltägliche Dinge und manchmal auch solche, über die man sonst nicht so offen spricht.

„Können Tiere Farben sehen?“

Manchmal höre ich wie Menschen fragen, ob wir Farben sehen können. Ich sage Euch, natürlich können wir das. Da wird in einigen Eurer Bücher über Katzen behauptet, dass sie nur Schwarz/Weiß oder Grau sehen könnten, und auch für andere Tierarten sei das Farbspektrum, so wie Ihr es kennt, begrenzt. Nach Eurer Wissenschaft mag das stimmen, vor allem wenn man so eingeschränkt denkt wie die Menschen unter Euch, für die Spiritualität nur Unfug ist. Rein geistig gesehen aber sind die Ebenen der Wahrnehmung verschieden, und ich frage Euch, hat einer dieser Menschen schon mal durch meine Augen gesehen?

Ich kann das Rote vom Blauen sehr wohl unterscheiden. Es ist einfach so. Ich kann es. Ich erkenne meine blau karierte Decke, und ich erzähle anderen von dieser bunten Decke, mit der ich auf den Möbeln liege. Woher sonst sollten Menschen, die noch nie bei mir zu Hause waren und mich persönlich vorher nicht kannten, solche Details bekommen, wenn ich eine Farbe nicht sehen könnte? Ich erzähle von dem Futter mit den gelben Ringen und dem Loch in der Mitte, das ich so gerne mag, oder schicke ein Bild von meinem gelb-schwarzen Mantel, den ich im Übrigen sehr doof finde...

Lest einmal einen Auszug eines Gespräches zwischen Beate und der Katze Tira:

Tira, die Elfe, möchte eine rote Decke

Können Deine Menschen etwas für Dich tun?

„Für mich?“

Ja nur für Dich.

„Ja, ich wünsche mir Hähnchen und ich möchte eine rote Decke.“

Eine rote Decke?

„Ja, ich finde die Farbe so schön."

Glaubt mir, Beate musste sehr lachen, als ihr nach diesem Gespräch das Beweisfoto geschickt wurde. Und Tira liegt immer noch auf ihrer roten Decke.

Ein anderes Mal hatte Beate mit einer Katze gesprochen, die zu Hause immer in den Keller machte. Das Haus war neu und die Menschen dieser Katze waren natürlich nicht unbedingt begeistert. Auf die Frage, warum sie denn immer in den Keller machte, antwortete die Katze: „Ich mag das blaue Klo nicht, ich möchte eine lila Kiste."

Auch wenn sich das sehr lustig anhört und vielleicht für den einen oder anderen zu abgedreht – seit sie ihr lila Klo hat, macht sie nicht mehr in den Keller.

Ist das nicht wunderbar? Probleme, die sich einfach so auflösen, nur weil man die Farbe des Klos ändert? Wie schlecht mag es nur den Tieren gehen, die bei Menschen leben, die das nicht annehmen können, die hinterher dennoch felsenfest und weiterhin der Meinung sind, Tiere könnten keine Farben sehen. Was ist schon dabei? Was kostet es schon? Einen Augenblick des genauen Zuhörens, sonst nichts. Ihr würdet dafür reichlich belohnt werden. Ganz bestimmt.

Manchem unter Euch machen meine Worte vielleicht auch ein klein wenig Angst, weil sie noch nicht glauben können, dass wir so „gestrickt" sind. Denn für manche Menschen sind wir ja nur „Tiere", für andere sogar nur eine Sache. Da bedarf es schon einer gehörigen Portion Mut und auch Demut, um zu sagen: „Ich gestehe meinem Tier diese Intelligenz zu und ich finde es toll." Beate jedenfalls ist so jemand, und ich bin sehr stolz auf sie.

Diese Vorstellungskraft ist bei einigen schlicht und einfach noch sehr begrenzt. Es würde zwar sehr helfen, die Scheuklappen abzunehmen und das gesamte Spektrum - das viel größer ist als Ihr es Euch vorstellen könnt – wahrzunehmen, aber ich bin guter Dinge und voller Hoffnung, dass das alles geschieht, für jeden – irgendwann.

Und um noch einmal auf die Frage zurückzukommen, ob wir nun Farben sehen können oder nicht: Wir können es, ob das nun in Euren Büchern steht oder nicht, oder ob es „wissenschaftlich“ belegt ist oder nicht.

„Kann mein Tier Beweise liefern, dass wir verbunden sind?“

Die Frage ist schnell und einfach beantwortet: Ja, wir können es! Freut Euch aber nicht zu früh, denn in der Regel werden das Eure Tiere nicht wirklich gut finden. Wie oft hat mich Beate schon gefragt, ob ich ihr einen handfesten Beweis liefern kann, und ich habe mir dabei immer nur gedacht: „Was brauchst Du jetzt einen Beweis von mir. Bei anderen Tieren brauchst Du den doch auch nicht!“ Sie bekommt nach Gesprächen mit Tieren doch ohnehin eine Rückmeldung von den Menschen. Reichen ihr diese Antworten nicht aus, um genug Vertrauen in sich selbst zu bekommen? Und seit wir dieses Buch zusammen schreiben, bekommt sie eigentlich ihre Beweise. Denn anders als bei normalen Gesprächen, die wir führen, schlafe ich jetzt nicht. Nein, ich bin ganz konzentriert, ich habe meine Augen weit offen und bewege mich nicht. Ich schaue ihr tief in die Augen, damit sie sieht, dass wir kommunizieren. Und wisst Ihr, ihre immer wiederkehrenden Zweifel sind nun endlich verschwunden.

Seid also bitte nicht enttäuscht, wenn Ihr etwas in der Art fragt wie: „Falls Du mich verstehst, hole jetzt Deinen Knochen!“, aber nichts passiert. Vielleicht liegen wir gerade gemütlich herum und tun es einfach nur aus diesem Grund nicht.

Die Wahrheit aber, warum wir in solchen Fällen nur selten den Clown für Euch spielen, ist eine ganz andere. Es geht bei der Kommunikation mit uns um eine „Herz–zu–Herz-Verbindung! Wie aber sollte sie funktionieren oder ehrlich hergestellt werden können, wenn Ihr einfach kein Vertrauen habt? Ihr müsst hier mit „Eurem Herzen“ glauben und nicht mit Eurem Verstand. Auch ohne handfeste Beweise, die sich für Euch anfassen lassen. Der Mann bei uns zweifelte zu Beginn auch vieles an. Doch wie verblüfft war er, als eine Dame aus Hamburg vom Stein in Icarés rechtem Huf erzählte, denn dieser Stein war tatsächlich da. Ein anderer Mann, der einmal ein paar Tage auf mich aufpasste, als meine Lieben wegfuhren, war ebenfalls sehr erstaunt, als Beate ihm sagte, ich würde lieber spazieren gehen, als nur im Wald herumsitzen. Was denkt Ihr, wie der geguckt hat? Er war ganz verblüfft und wollte natürlich sofort wissen, woher sie das wusste. Und Beate meinte nur: „Felina hat es mir gesagt!"

Eine andere Frau erzählte Beate nach einem Gespräch mit ihrer Katze, dass ihre Katze während des Gespräches mitten im Rasen saß und ihre Ohren ständig in alle Richtungen bewegt hat. Sie schaute um sich, als wollte sie nachsehen, wer da mit ihr sprach, sie bewegte sich aber sonst nicht vom Fleck. Die Frau dieser Katze fand das sehr faszinierend.

Glaubt aber bitte nicht, dass es immer so ist. Manchmal jedoch werdet ihr darüber erstaunt sein, was wir tun, während wir mit Euch sprechen. Es liegt wohl daran, dass diese Art der Kommunikation auf einer anderen Ebene stattfindet. Oft wird Beate gefragt, ob Tiere immer Reaktionen zeigen, und ich kann Euch verstehen, dass Ihr es gerne so hättet. Aber nein, es ist natürlich nicht so. Vor allem bei Euren eigenen Tieren ist es oft genau das Gegenteil. Sie verhalten sich völlig normal. Lasst Euch davon aber nicht verunsichern, die Telepathie zwischen uns funktioniert trotzdem. Ich kann schlafen, mich kratzen und gleichzeitig sprechen. Ihr könnt schließlich auch telefonieren und gleichzeitig den Boden wischen, oder nicht?

Und manchmal kommt es auch vor, dass wir Menschen, die vielleicht nicht so sehr daran glauben, einen Beweis liefern. Nicht immer wissen diese Menschen das dann zu schätzen, sehen einen Beweis erst gar nicht oder erkennen ihn auch nicht an. Ich persönlich finde das sehr schade. Meistens wissen wir es im Voraus schon, denn diese Menschen zweifeln bereits die Sache an sich an, egal welche Beweise man auch liefert.

Ein Pferd, dessen Menschen Beate nicht kannte, sagte einmal zu ihr: „Mein Menschenfreund glaubt das sowieso nicht.“ Beate bat das Pferd dann um einen Beweis, damit ihm sein Mensch doch glauben würde. Das Pferd aber meinte zu Beate, dass er es trotzdem nicht glauben würde, aber sie ihm dennoch sagen solle, der Bart stünde ihm gar nicht.

Und als Beate erfuhr, dass das Pferd einem Bartträger gehörte, meinten diese Menschen: Na ja, einen wahren Beweis habe dieses Gespräch nicht erbracht! Meine Lieben, was soll ich dazu noch sagen...

„Meine Hilfe bei den Menschen“

Meine Aufgabe in meinem Leben ist eine ganz besondere. Wenn Beate ihre Seminare abhält, bin ich immer mit dabei. Meist bin ich zwar nur geistig anwesend, weil Beate denkt, es wäre zu anstrengend für mich, bei einem Seminar den ganzen Tag nur herumzusitzen. Sicher könnte es anstrengend sein, aber ich würde es schon aushalten. Wenn die Seminare jedoch bei uns in der Nähe sind, dann darf ich mit. Es gefällt mir, im Mittelpunkt zu stehen und bei den Gesprächen mit Tieren anwesend zu sein. Ich verhalte mich dann auch so, dass die Menschen es sehen, wenn ich mit ihnen spreche. Ich schaue sie dann stetig an und antworte auf ihre Fragen. Bin ich allerdings nicht dabei, dann führt Beate ihr erstes Gespräch immer mit mir. Ich erzähle ihr dann, wer von den Menschen Probleme hat und wie man sie lösen kann. Diese Zusammenarbeit finde ich wunderbar, sie ist einfach schön. Und ich habe das Gefühl, etwas wirklich Wichtiges zu tun. Beate nimmt die Menschen, die Schwierigkeiten haben, dann zur Seite und führt mit ihnen zusammen ein Gespräch mit mir. Und wisst ihr, was mich dabei oft total erstaunt? Ihr Menschen habt die Antworten schon im Kopf, doch erst wenn Beate sagt: „Komm, schreibe es auf, Felina sagt es doch schon zu Dir“, dann ist der Knoten geplatzt. Auf einmal schreiben sie alles auf, was ich ihnen übermittle, und sind hinterher oft sehr verblüfft darüber, wie gut sie doch waren, wie genau die Antworten sind und dass sie stimmen. Es gelingen dann meistens auch die Gespräche mit den anderen Tieren.

Für mich persönlich sind das sehr freudige Momente im Leben. Momente, die ich wirklich sehr genieße, weil sie mir so viel Glück bringen. Denn wie ich schon sagte, ich bin nicht mehr die Jüngste, obwohl ich mich nicht alt fühle, aber ich kann körperlich nicht mehr alles tun, was ich mir wünschen würde. Umso mehr freut es mich, wenn ich geistig Gutes tun kann. Ich finde es so wichtig, dass

Ihr Menschen die Kommunikation mit uns Tieren zulasst, dass Ihr sie pflegt und praktiziert. Soviel Gutes könntet Ihr tun, und so viel Gutes würde Euch widerfahren. Na ja, ich sehe mich ein klein wenig als Lehrerin und Helferin, und bin glücklich über diese wichtige Aufgabe. Ich danke Euch sehr, dass Ihr mich meine Aufgabe ausführen lasst, und Dir, meine Liebe, danke ich für Dein Vertrauen in mich.

[Beate]: „Ich danke Dir, mein Herz, für Deine großartige Hilfe. Du löst die Blockaden und hilfst den Menschen, ihre Ängste zu vergessen. Mit Deinem offenen Wesen öffnest Du alle Kanäle. Ich danke Dir.“

„Aufgaben der Tiere bei den Menschen“

Viele von uns haben in ihren Familien Aufgaben, die sie erfüllen möchten. Wenn Menschen nicht so sehr spirituell veranlagt sind, oder sich an sich nicht damit beschäftigen, fällt es ihnen zumeist nicht auf. Nachdem ihr Liebling aber verstorben ist, sind sie dennoch der Meinung, dass sie viel von ihm oder ihr lernen konnten. Klar gibt es auch Menschen, die das trotzdem nicht erkennen. Wir Tiere versuchen aber dennoch, unseren Teil zu erfüllen. Ob Ihr es nun merkt oder nicht, spielt dabei nur eine untergeordnete Rolle. Es kann das Aufpassen sein, das ein Kater, eine Katze oder ein Hund zu erfüllen hat. Vielleicht hat ein Tier auch die Aufgabe, als Tröster da zu sein, weil viel Kummer und Leid in der Familie herrschen. In der Regel sind das sehr spaßige und lustige Tiere, die es einfach faustdick hinter den Ohren haben. Beate würde wohl „Lauser“ zu ihnen sagen. Vielleicht hat ja Eurer Tier die Aufgabe, Euch Liebe nahe zu bringen oder das Bewusstsein für die Tierwelt an sich zu erweitern. Jeder ist so ein Bindeglied in der Kette des Lebens. Jeder für sich, und doch alle irgendwie zusammen. In meiner Familie nun hat jeder seine Aufgabe, und alle Aufgaben haben damit zu tun, den Menschen zu helfen und ein Bindeglied zwischen Mensch und Tier zu sein.

Dann ist da noch Fijack, mein lieber verstorbener Freund, der stets hilft und immer anwesend ist, wenn es um tote oder verschwundene Tiere geht. Er ist der spirituelle Helfer von Beate, der Ihr aufzeigt, ob ein verschwundenes Tier noch lebt oder schon bei ihm ist. Er hilft aber auch, wenn Beate mit einer verstorbenen Seele Kontakt aufnehmen möchte. Seine Aufgabe ist wunderbar, denn er erfüllt sie für Euch auf der anderen Seite. Ihr seht, auch dort sind wir immer noch für Euch da.

Und schließlich gibt es noch Icaré, den Heiler. Wie oft hat er schon dabei geholfen, wenn kein Medikament zur Behandlung einer Krankheit gefunden werden konnte oder das bisherige Mittel der Wahl keine Wirkung zeigte. Wie oft hat er Beate schon übermittelt, welche Pflanze oder welcher Extrakt besser helfen könnte. Das hört sich jetzt vielleicht sehr komisch an, aber so ist es eben. Ich kann nicht mehr sagen als ich weiß, und ich spreche immer aus eigenen Erfahrungen.

Dazu möchte ich Euch eine kurze Geschichte erzählen. Vielleicht erkennt Ihr dann, wie intelligent und weise wir wirklich sind.

In Icarès Stall hatte sich ein Pferd verletzt und bekam einen ganz dicken, geschwollenen Fuß. Es wurde vieles ausprobiert, und nichts half. Beate fragte Icaré daraufhin was denn helfen könnte, und er meinte wie aus der Pistole geschossen: „Beinwell". Beate gab diesen Tipp natürlich weiter, aber man sagte zu ihr, dass diese Pflanze dort nicht wachsen würde. Icaré aber widersprach sofort und beschrieb sogar die genaue Stelle auf dem Grundstück, an der die Pflanze wuchs. Und siehe da – sie war genau dort! Und als man dann mit den Blättern der Pflanze Umschläge um das verletzte Bein machte, verheilte die Verletzung schon innerhalb weniger Tage ziemlich gut. Die starke Schwellung und die Lahmheit waren am Verschwinden. Icaré, ein wunderbarer Heiler.

Und da Icaré sein Wissen nun allen zur Verfügung stellt, bekam Tina, eine Seminarteilnehmerin auf die Frage, was bei Juckreiz von Windpocken helfen könnte, natürlich auch eine Antwort: „Essig". Sie war erst sehr skeptisch, doch als sie es nachlesen konnte, war sie natürlich sehr überrascht, die Antwort von einem „Pferd" bekommen zu haben. Ich kann jetzt direkt Eure Gesichter sehen, ich kann sehen, wie auch Ihr den Kopf schüttelt, und ich erfreue mich daran.

Jedes Eurer Tiere also hat seine Aufgabe und freut sich sehr, wenn Ihr es mit einbezieht und ihm auch auf einer anderen Ebene das Gefühl gebt, dass es wichtig ist. Vor allem aber freut es sich, wenn es die Möglichkeit hat seine Aufgabe auszuführen. Ich hoffe, Ihr werdet alle noch herausfinden, was Eure Tiere Euch beibringen wollen, oder was genau ihre spezielle Aufgabe bei Euch ist. Ich wünsche es mir für Euch und natürlich auch für Eure Tiere.

„Ist es für Tiere anstrengend zu sprechen?“

Am Anfang, wenn Menschen noch nicht so geübt darin sind, kann es manchmal schon ein bisschen anstrengend und ermüdend sein. Ihr könnt die Verbindung noch nicht so lange halten und werdet dadurch selbst etwas müde und unkonzentriert. Dieser Zustand kann für uns schon anstrengend sein. Sobald Ihr Eure „Antennen“ aber richtig eingestellt habt, wird es viel besser für uns, meistens finden wir es sogar toll und es macht uns großen Spaß.

Menschen, die spirituell schon mehr gearbeitet haben, erleichtern uns natürlich die Verbindung mit ihnen. Es fällt diesen Menschen leichter, weil sie sich schon auf höheren Schwingungsebenen befinden. Aber jeder kann natürlich dorthin gelangen. Deswegen gebt nicht gleich auf, wenn die Verbindung nicht sofort ewig hält und sie Euch am Anfang anstrengt und auslaugt. Es bedarf einfach ein wenig Übung. Vielleicht sind Eure Gespräche zu Beginn noch kurz, aber ich verspreche Euch, sie werden länger werden, und das ganz von allein. Und wir werden deswegen auch nicht krank, nein, sobald wir uns mitteilen können, findet nicht nur bei Euch, sondern auch bei uns eine Heilung der Seele statt.

Was bedeutet „Heilung der Seele“?

Bestimmt stellen sich manche diese Frage. Ich weiß das, weil Ihr immer viele Fragen stellt. Das ist keinesfalls schlecht, ganz bestimmt nicht, weil man durch Fragen natürlich auch viel lernen kann. Nur sollte man vielleicht manches nicht bis ins kleinste Detail hinterfragen, sondern einfach annehmen.

Jeder von Euch hat hier auf Erden eine bestimmte Aufgabe zu erlernen bzw. zu erfüllen. Ihr und auch wir müssen diese Lektionen lernen, wobei unsere Aufgabe oftmals

Hilfe und Unterstützung für Euch ist, damit ihr Euren wahren Weg findet.

Wenn Ihr also mit uns kommuniziert, ist es für uns wesentlich einfacher, mitzuteilen, was im Moment nicht stimmt. Wenn wir nach Eurer Meinung Unarten zeigen, begreift Ihr oft den eigentlichen Grund dafür nicht. Können wir uns aber mitteilen, versteht Ihr die Zusammenhänge wesentlich leichter. Nicht immer präsentieren wir Euch alles auf einem silbernen Tablett, und nicht immer sind die Antworten so leicht zu verstehen, wie Ihr es Euch wünschen würdet. Und trotzdem habt Ihr zu jeder Zeit die freie Wahl und Entscheidung, die Antworten anzunehmen oder auch nicht. Wenn wir Euch begleiten und auf Euren wahren Lebensweg hinweisen, dann findet bei Euch bereits eine Heilung statt. Wenn wir Euch sagen, warum wir aus Protest pinkeln, dann hat das fast immer mit Aufgaben zu tun, die Ihr jetzt erledigen müsst. Wir erfüllen damit unsere Aufgabe, genau so wie es bestimmt ist. Ich wünsche mir, dass Ihr die ganze Tragweite dessen erkennen könnt, was ich hier mitteile. Ich hoffe, Ihr begreift das ganze Spektrum des Seins, des Lebens, allen Lebens hier auf dieser Welt. So viele Hilfsmittel stehen Euch zur Verfügung, so viele Helfer und Berater. Eure Tiere sind nur ein Teil davon.

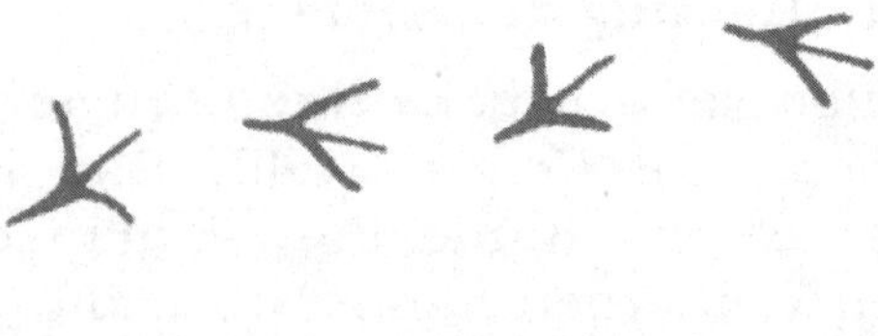

„Können Tiere Krankheiten von Menschen übernehmen?“

Ja und Nein. Manchmal kommt es vor, dass wir die gleichen Krankheitssymptome aufweisen wie Ihr. Oft liegt das einfach an tiefen Herzensverbindungen, und wir nehmen Euch einen gewissen Teil Eures Leids ab. Bitte seid aber versichert, dass wir nicht krank werden, damit Ihr gesund bleibt. Wir könnten es, aber niemals würden wir Euch eine solche Schuld auferlegen, wenn wir an Eurer Krankheit sterben müssten. Für mich geht diese Sichtweise ein wenig zu weit. Wir alle sind Wesen des Lichts und der Liebe, und so würden wir Euch diese Bürde niemals tragen lassen. Schuldzuweisung gibt es bei uns nicht. Es wäre das Schlimmste für mich, wenn ich auf der anderen Seite wäre und mein geliebter Mensch massive Schuldgefühle wegen meines Todes hätte. Und das nur, weil irgendjemand sagt: „Du bist schuld daran, dass Dein Tier gestorben ist. Es hat Deine Depressionen oder Ähnliches nicht mehr ertragen.“ So etwas habe ich schon gehört, man glaubt es kaum. So denkt bitte noch einmal an die „Verantwortung in Eurem Tun“, die sehr wichtig ist. Lasst Menschen nicht mit Schuld zurück. Manch einer kann vielleicht damit umgehen, andere aber würden diese Schuldgefühle ewig in sich tragen. Einem geliebten Menschen und Freund das Gefühl zu geben: „Du bist schuld, dass ich nicht mehr sein kann“, so etwas würden wir Tiere niemals tun. Unser Handeln oder besser gesagt unsere Seele ist da viel weiter als die Eure.

Sicher können uns unsere Familien auch krank machen. Wenn keine Harmonie in der Familie herrscht und ständig Streit ist, dann werden auch wir krank, weil wir mit Euch fühlen. Es ist wie bei Euch. Auch Ihr werdet durch Euer Umfeld krank. Aber dass wir krank werden, damit Ihr gesund bleibt, das trifft nicht zu. Im Grunde würde das bedeuten, dass wir uns in Eure Lebensaufgabe einmischen, und das tun wir nicht. Aber habt bitte keine Angst, denn wir fühlen mit Euch und werden Euch immer unterstützen.

Spiegeln Tiere Ihre Menschen?

Manchmal tun wir das schon. Meistens aber sind es eher Eure eigenen Verhaltensauffälligkeiten, die wir Euch aufzeigen. Da sind zum Beispiel nervöse Pferde, weil ihre Menschen so nervös und unausgeglichen sind, da sind ängstliche Katzen, weil ihre Menschen misstrauisch und ängstlich sind, und da gibt es bellende Hunde, weil ihre Menschen unsicher oder selbst gerne laut sind.

Bei Krankheiten aber wäre ich da wieder sehr, sehr vorsichtig. Tiere weisen vielleicht die gleichen Symptome auf wie ihr Mensch, eben weil sie stark miteinander verbunden sind, aber dass wir Euch mit einer Krankheit etwas zeigen möchten, das passiert eher selten. Und doch kommt es manchmal, aber wirklich nur manchmal, auch vor.

Auch ich habe meiner Lieben einmal mit einer Lähmung im Fuß zu verstehen gegeben, dass sie jetzt endlich weitergehen soll. Sie stand still, hatte zwar eine Menge Ideen im Kopf, machte daraus aber nichts. Es war für mich nichts Ernsthaftes oder Schlimmes, und als sie ihre Ängste endlich wieder über Bord geworfen hatte, konnte ich wieder ganz normal laufen. Meines Erachtens sind es eher Gebrechen, wie z.B. eine vorübergehende Lahmheit, mit der wir Euch etwas aufzeigen wollen.

Vielleicht solltet Ihr nicht immer alles verallgemeinern, was Ihr sehr oft tut. Auch in Euren Büchern, in denen es um die Psyche der Tiere geht, werden viele von uns einfach in ein bestimmtes Schema gesteckt. Wir sind alle verschieden, jeder ist ein Individuum. Es gibt keine Regel oder allgemeine Bestimmung für alles oder jeden. Im Grunde ist alles möglich und alles ist schon passiert. Glaubt nicht, dass ich alles weiß, ich kann Euch viele Dinge sagen, die ich selbst erlebt habe und die ich noch aus früheren Leben weiß, aber jeder muss seine eigene Wahrheit finden. Wenn alles und jeder gleich wäre, dann wäre es doch einfach, denn dann könnten z.B. alle Krankheiten nach demselben Muster behandelt und geheilt werden. Aus eigener Erfahrung aber wisst Ihr, dass das nicht der Fall ist.

Und um noch einmal auf das „Spiegeln“ zurückzukommen. Wenn Euch an Eurem Tier etwas total stört, wenn Ihr an Eurem Tier etwas findet, das Euch so richtig gegen den Strich geht, solltet Ihr vielleicht nach innen gehen und gut beobachten, ob es sich nicht um eigene „Macken“ handelt.

„Was Tiere mit Behinderung fühlen und wie sie darüber denken“

Ich nehme dieses Wort bewusst in den Mund, weil ich damit Eure Sichtweise darüber ansprechen möchte. Es gibt Tiere, die sind blind, taub oder haben nur drei Beine. Und trotzdem leiden sie nicht. Sie finden sich einfach damit zurecht; so etwas ist nicht weiter tragisch für sie. Was allerdings schlimm für sie ist, ist das Gefühl, nicht vollständig akzeptiert zu sein. Ich weiß, Ihr möchtet mit Eurer Anteilnahme nur „helfen“, aber nicht immer ist das so. Nicht als ganz gesehen zu werden ist nicht einfach, weswegen Tiere dann auch gerne die eine oder andere Unart entwickeln, damit Ihr aufwacht und endlich erkennt: „Euer Freund ist noch vollständig!“ Es ist lieb gemeint, wenn Ihr uns hochhebt, weil wir nicht sehen können und uns gegen Artgenossen verteidigt, aber stellt Euch mal einen rüstigen Kater vor, der immer Herr im Haus war. Wie würde er dieses „Bemuttern“ finden? Kann man denn dann nicht verstehen, wenn er aus Protest beginnt, alles anzupinkeln, und ist es nicht erstaunlich, dass er damit aufhört, sobald man ihn wieder als Ganzes sieht?

Seht uns als Ganzes, egal wie schwer unser Gebrechen auch sein mag

Vergleicht nicht Euren Glauben und Eure Gefühle mit den unseren. Es kann schon sein, dass der ein oder andere von uns auch einmal im Selbstmitleid versinkt, aber oft wird das von erdrückendem Mitleid seiner oder ihrer Menschen noch verstärkt.

Seht uns ohne Körper, dann gibt es diese Hindernisse nicht

Vielleicht könnt Ihr dann begreifen, warum für uns Krankheiten oft nicht so schlimm sind wie für Euch. Natürlich brauchen wir Eure Unterstützung und Liebe, Euren Halt in solchen Situationen, aber keine Beschützer und erst recht kein Mitleid. Wir sind nämlich noch wir SELBST. Manchmal meint auch meine Beate, ich müsste geschont werden, ich könnte dieses oder jenes nicht mehr tun, aber ich zeige Ihr dann schnell, wie gut ich noch funktioniere. Und auch wenn meine Knochen eine Generalüberholung brauchen könnten, ich gebe nicht auf. Ich bin immer noch Ich, völlig und ganz in Ordnung, geistig fit. So sehe ich mich. Gebt Euren Tieren immer das Gefühl gesund zu sein, sonst laden wir Euren Kummer auf uns und werden dadurch nur traurig und depressiv. Wir möchten nicht, dass Ihr wegen uns Kummer habt. Es wäre ein Kreislauf, der nicht mehr endet oder aus dem nur sehr schwer wieder herauszukommen ist. Wir brauchen Eure positiven Gedanken und Euren Glauben an uns, dass wir vollständig sind und keine „Invaliden."

„Tiere und der Tod“

Gerne spreche ich darüber, denn für viele ist das ein sogenanntes Tabu-Thema. Ich verstehe die Hintergründe dafür aber irgendwie nicht. Meines Erachtens habt Ihr die Dinge, wie sie wirklich sind, noch nicht begriffen. Ihr denkt der Tod sei das Ende, das AUS. Aber Ihr Lieben, das trifft wirklich nicht zu. Viele Tiergespräche kann ich Euch aufzeigen, in denen Tiere davon sprechen, wie das mit dem Tod ist. Und die meisten sind sich einig: Der Tod bedeutet nicht das Ende. Die Erfahrung, sich zu trennen, jemanden gehen zu lassen ist sehr wohl schmerzlich, natürlich nicht nur für Euch. Aber zu wissen und zu erkennen, dass eine Trennung auf anderen Ebenen niemals stattfindet, das ist nur wenigen von Euch gelungen. Ich kann mich erinnern an die Zeit auf der anderen Seite, und jetzt im Alter kommt die Erinnerung immer öfter wieder zum Vorschein. Manchmal habe ich deswegen ein schlechtes Gewissen, weil ich doch weiß, dass der Abschied für meine Lieben schrecklich sein wird. Und trotzdem hoffe ich sehr, dass sie die Tragweite des Seins wirklich begriffen haben. Sie wissen es, sie hören es ja auch oft genug und Beate gibt das auch so weiter. Doch manchmal bin ich nicht sicher, ob das auch tatsächlich richtig gespeichert ist. Der Abschied würde Euch wesentlich leichter fallen, Ihr würdet nicht leiden, sondern sogar Freude empfinden für das unbeschreibliche Gefühl des Glücks und der Liebe, des Gefühls, zu Hause angekommen zu sein und zu erkennen: Ich war nie wirklich weg. Ein Teil der Seele ist immer mit „der Heimat“ verbunden, und auch Ihr habt das in Euch. Genau das ist der Grund, weswegen eine Trennung nicht wirklich möglich ist.

Ihr kreiert Eure Zukunft, Euer Tun. Wenn Ihr den Weg des Sterbens aber als etwas Positives seht und nicht als Verlust, dann ist es nicht so schlimm. Andernfalls beherrschen Euch Ängste, und dann wird es erst recht nicht leicht. Wir möchten das nicht, und wir verstehen diese

Gefühle deswegen auch nicht wirklich, weil wir wissen, dass ein Teil von uns bei Euch bleibt. Ihr Lieben, jeder der mit seinen Tieren kommuniziert, bleibt sowieso auf ewig mit ihnen verbunden. Viele von uns helfen ihren Menschen auch noch von der anderen Seite aus und begleiten sie von dort aus weiter. Und wenn wir möchten, treten wir einfach mit Euch in Verbindung oder auch Ihr mit uns. Nicht alle Tiere mögen das auf Dauer, aber viele von uns finden es sehr hilfreich, weiter mit Euch an Eurer Lebensaufgabe zu arbeiten, da das dabei entstehende Wachstum beide Seiten bereichert.

Der Tod ist ein Teil des Weges der Strecke, die ein Leben zu gehen hat. Es ist im Grunde die Geburt zur geistigen Seite. Nichts Schlimmes also, nein gar nichts Schlimmes. Der Körper wird müde und schwer und wie Ihr, wenn Ihr alt seid, sehnen wir uns irgendwann auch nach einer Pause, nach Erholung. Die Hülle fühlt sich schwer an, sie passt nicht mehr. Mir persönlich kommt es so vor, als würde sich der Geist aus der Hülle herausentwickeln, so wie wenn der Fuß wächst und der Schuh nicht mehr passt. Und dann kommt die Erkenntnis: Man muss ihn loswerden, um wieder frei zu sein. So kann man sich das in etwa vorstellen. Es ist ein Prozess, der manchmal lange Zeit dauert, der viele Höhen und Tiefen enthält. Und trotzdem, überstürzt nichts, lasst Euch immer Zeit, Euch ausreichend von einem geliebten Lebewesen zu verabschieden. Es sollte nichts über den Zaun gebrochen werden, egal was andere Menschen oder gerne auch die Tierärzte dazu sagen. Wir halten mehr aus, als Ihr denkt. Manchmal kommt mir Euer Leidensdruck wesentlich größer vor als unser eigener. Wir empfinden es oftmals nicht als so sehr tragisch wie Ihr, und sollten unsere Schmerzen zu groß sein, so bietet sich uns immer noch die Möglichkeit, zeitweise aus unserem Körper auszutreten, so dass wir nichts spüren.

Manchmal jedoch habt Ihr die Gelegenheit eines wahren Abschiedes nicht. Zu jeder Zeit aber könnt Ihr in einer Meditation oder auf einer schamanischen Reise Abschied nehmen. Auch dieser Abschied wird absolut real sein, da seid Euch sicher. Es wird derselbe Abschied sein, als wenn Euer Tier neben Euch liegen würde, denn wir sind in einer anderen Dimension, auf einer anderen Ebene, aber nicht „aus dem Universum“. Wir werden Euch wieder sehen. Manche kommen zu Euch zurück, andere erwarten Euch, wenn Ihr nach Hause zurückkehrt, und andere haben wieder andere Aufgaben zu erfüllen. Sehen und finden werden wir uns aber immer wieder, weil wir doch alle miteinander verbunden sind und nichts und niemand im Universum verloren geht.

Seid Euren Tieren nicht böse, wenn Ihr sie fragt, ob sie wieder zu Euch zurückkommen und sie sagen: „Ich glaube eher nicht“. Sie haben dann Aufgaben, die im Jenseits wichtig sind. Es hat rein gar nichts mit mangelnder Liebe zu tun. So etwas behauptet nur Euer Ego. Auf diese Art unsere Liebe zu zeigen ist sogar noch tiefer, weil es über die eigenen Bedürfnisse weit hinausgeht. Ich liebe Euch sehr!

Ich weiß, für einige wird dieser Teil des Buches nicht leicht zu verstehen sein. Vielleicht könnt Ihr es auch nicht sofort annehmen, aber es ist auch nicht so sehr wichtig. Vielleicht erinnert Ihr Euch zu gegebener Zeit an meine Worte, und vielleicht spenden sie Euch dann den gleichen Trost, wie die nachfolgenden Auszüge aus Gesprächen es vielleicht schon jetzt tun. Wir sind stets in Liebe mit Euch verbunden, und nichts wird sich daran ändern, schon gar nicht durch etwas, das ihr den Tod nennt.

Meine Freundin Sonja hat mit unserem Icaré über den Tod gesprochen. Auf die Frage, ob er über den „Tod“ etwas sagen kann, meinte er:

„Den Tod nicht zu wichtig nehmen. Er ist ein Übergleiten in eine andere Welt, in etwas, das Ihr nicht seht oder nicht fassen könnt und daher fürchtet. Es ist ein Ausatmen, ein Einschlafen und ein Aufwachen woanders. Es ist himmlisch dort zu sein, aber es macht traurig zu sehen, wie Ihr hier weiterlebt mit dem ganzen Frust, der Pein, dem

Schmerz und der Trauer. Ihr haltet uns damit fest, und wir können wirklich nicht mehr tun, als immer wieder zu signalisieren: "Uns geht es gut!" Aber weisst Du, irgendwann haben auch wir keine Lust mehr, wie auf einen alten Esel einzureden. Dann kann es sein, das wir nur noch schweigen."

Auf die Frage, ob Menschen mit ihrer Trauer unsere Seelen festhalten, sagte er:

„Nein, das ist ein Irrglaube. Menschen reden sich gerne Negatives ein, damit sie sich besser fühlen, so paradox das auch klingt, oder noch schlimmer, damit es anderen Menschen schlecht geht. Die Seele kann nicht gehalten werden. Sie ist frei wie ein Vogel. Sie schwebt auf und davon und nur sie entscheidet, wo genau sie hingeht. Ihr wünscht, dass wir zurückkommen, dass wir zu Euch zurückkehren, doch dieser Wunsch ist etwas, den eine Seele nur selbst erfüllen kann. Sie kann sagen: „Ja, ich komme!", oder sie kann etwas komplett anderes tun. Vielen gefällt es dort. Sie kommen nicht mehr wieder, aber sie zeigen sich. Seid dankbar für das, was Euch beschert wird, ob es nur ein Zeichen ist oder ob Ihr die Erinnerung an alles Vorangegangene habt. Und das ist doch auch ein Geschenk."

[Felina]: Ist es nicht wunderbar, wie ähnlich doch unsere Aussagen sind, obwohl sie von verschiedenen Menschen mitgeteilt wurden? Begreift Ihr endlich die Tragweite des Ganzen? Ich hoffe es so sehr.

Mein Freund Bärli hat über den Tod Folgendes gesagt:

„Es bedarf noch ein klein wenig Zeit für uns zwei. Wir müssen uns noch richtig voneinander trennen. Ewig werde ich nicht mehr bleiben können. Ich bin allerdings guter Dinge, dass es noch eine Zeit lang so mit mir geht. Ich hoffe, das Ding in mir wächst nicht noch weiter. Aber glaube mir, ich halte es schon noch aus. Wenn ich wirklich leide, dann wirst Du mir Abhilfe verschaffen, dann werde ich nur noch herumliegen und nichts mehr tun, nicht fressen und nicht trinken und auch nicht mehr aufstehen. Dann weisst Du: „Jetzt ist es soweit!“ Ich denke, das ist ein gutes Zeichen für uns beide. Ich möchte nicht, dass Du sehr traurig um mich bist. Ich gehe nur nach Hause. Auch Du gehst irgendwann einmal dorthin; wir sehen uns dann wieder. Natürlich wirst Du mir so lange fehlen, genauso wie ich Dir, aber so ist es im Leben, wir kommen und gehen, jeder, wenn der Zeitpunkt da ist. Irgendwann sind wir alle wieder vereint, zusammen und glücklich. Mir wird dann auch nichts mehr wehtun, mir geht es dann gut.“

Warum wisst Ihr, wie es hinterher ist, aber wir Menschen können uns nicht daran erinnern?

„Wir können auf mehreren Ebenen gleichzeitig sein. Von Euch können das auch manche, aber die meisten können es nicht. Sie befinden sich auf der physischen Ebene und manchmal auch auf der, auf der wir uns nun unterhalten. Aber dann gibt es noch eine weitere Ebene, und da können die meisten von Euch während des Lebens nicht sein. Erst später tretet ihr wieder in diese Ebene ein.“

Das ist sehr schade. Vielleicht könnten wir viel besser mit allem umgehen, so wie Ihr auch.

„Ja, aber das soll eben nicht sein. Man muss sich mit dieser Thematik beschäftigen, um weiter zu wachsen. Nur wer den Tod auch als etwas Positives sieht und so diese Welt verlässt, ist gewachsen in seinem Geist. Es ist viel mehr, als es scheint. Glaube mir.“

Kurz bevor Bärli starb, sagte er:

„Manchmal sehe ich das Licht. Es wirkt sehr einladend auf mich. Es strahlt Wärme aus, und vermittelt mir Zuversicht, Glückseligkeit. Ein schöner Ort.“

[Felina]: Der folgende Abschnitt ist der weisen Seele Rumi gewidmet, einem lieben Kater, der an einem Bauchtumor verstorben ist.

Wie denkst Du über das Sterben?

„Der Körper schwindet, die Seele nicht. Nichts ist vergänglich. Niemand. Es ist wie eine Wiedergeburt, nur auf anderer Ebene. Wir gleiten in eine andere Ebene. Es ist nicht schlimm. Meine Menschen, sie wissen auch viel über diese Dinge, sehen es als Bestimmung oder Berufung. Es geschieht, was geschehen soll, so wie der göttliche Plan es vorsieht."

Deine Menschen würden jede Deiner Entscheidungen respektieren!

„Das weiß ich, und darüber bin ich sehr glücklich. Ich bin hier ein Lebewesen, wie Du und alle anderen lebenden Individuen. Ich bin ich. Ich bin so unendlich dankbar zu wissen, dass ich dieses Verständnis um mich herum habe. Ich weiß, es wäre sehr schwer für meine Menschen, sehr schwer, aber die Dinge würde so Ihren Lauf nehmen, wenn es denn vorgesehen ist."

Falls Du wider Erwarten gehen müsstest, wie sollte das aussehen?

„In Licht und Liebe eingehüllt, in viele Engel. Eine Stimme, die sagt, ich bin bei Dir und alles wird gut. Ich würde es gerne so haben, wie meine Schwester es hatte. Es war sehr bewegend, auch für mich. Musik, das wäre toll. Trommeln und Gesang. Wie ein Priester, dem sein letzter Tanz und Gesang zugute kommt. So würde ich es wollen."

Du kommst mir wie ein kleiner Philosoph vor.

„Meine Menschen werden auch ein bisschen erstaunt sein über meine Worte. Ein bisschen. Ich bin sehr Eigen musst Du wissen, und es entspricht nicht so dem ruhigen und ausgeglichenen Wesen, das nun zu Dir spricht. Aber meine Seele, sie ist schon sehr alt, und ich bin deswegen auch sehr auf die Worte bedacht, die ich von mir gebe. Ich spreche aus dem Herzen, mit dem Herzen, ich bin ein Licht, ein Lichtwesen. Licht umgibt mich und Licht sende ich aus. Ich erfreue meine Menschen, und die Menschen erfreuen mich. Ich lerne von ihnen und sie von mir. Ich bin der Seelenwanderer, der schon oft die Wege seiner Menschen gekreuzt hat."

Ach mein Lieber. Ich wünsche Dir so sehr, dass alles wieder gut wird bei Dir.

„Ich bin ein positiver Kerl, ich denke positiv. Ich möchte ein Licht bekommen, eines, das für mich brennt. Es geschieht so viel in der Materie, die Ihr nicht sehen könnt, so viel."

Du bekommst ein Licht. Ich entzünde Dir auch eine Kerze, für Deine persönliche Heilung.

„Ich danke dir, Du Engel."

Oh, Du machst mich verlegen. Engel. Welch schönes Wort.

„Ein Wort. Eine Schwingung. Eben passend."

Danke dir, mein Guter. Möchtest Du abschließend noch etwas mitteilen?

„Meiner Seelenfreundin geht es gut. Mir geht es gut. Ich liebe Euch aus tiefstem Herzen, so wie Ihr mich. Wir gehen nach vorne. Wir schaffen das. Ich danke Euch für Eure Hilfe, für Euer Vertrauen in mich, für Eure Verantwortung, für Euer Leben. Sollte alles anders kommen als geplant, dann seht es als Bestimmung, dann hat es seinen Sinn. Natürlich gehen wir nicht davon aus. Wir gehen von den positiven Dingen aus, von sonst nichts. Wenn es dennoch geschieht, dann lasst es geschehen, dann möchte ich es so. Manchmal entscheidet man sich während eines Geschehens noch anders. Auch bei mir kann das so sein. Auf ewig dankbar und mit viel Licht und Liebe an Euch."

[Felina]: Beate hatte noch ein paar Mal mit Rumi gesprochen, und im letzten Gespräch sagte er:

Wie fühlst du Dich?

„Leer."

Wie, leer?

„Alles ist so verschwommen für mich, nicht mehr ganz klar und ersichtlich."

Ich verstehe nicht, was Du meinst?

„Mein Geist ist manchmal nicht mehr in der Hülle. Ich trenne mich davon, damit alles erträglich wird."

Hast Du denn große Schmerzen?

„Nein. Ein Leid, ein großes Leid ist es nicht."

Möchtest Du Deinen Menschen noch etwas sagen?

„Euer Beistand tut mir unendlich gut. Euer Leben ist im Einklang. Die Liebe ist weit verbreitet und das ist gut. Das Leben ist Liebe. Liebe ist Leben. Vergesst das nie. Euer stetiger Begleiter werde ich sein, auch wenn ich mich entscheide, aus dieser Welt zu gehen. Ich bin öfter schon in den anderen Sphären gewesen und es ist unendlich schön dort. So viel Liebe und Freude, innere Ruhe und Frieden. Möchte Euch aber nicht verlassen, zu schmerzlich ist es doch auch für mich."

Ich soll Dir sagen, dass Deine Menschen mit jeder Deiner Entscheidungen einverstanden sind. Du musst nicht wegen ihnen bleiben. Das wünschen sie nicht. Dein Wunsch soll geschehen.

„Ach meine Lieben, so viel Liebe und Vertrauen in den Glauben, in Gott und die göttliche Fügung. Schön, Euer Begleiter gewesen zu sein. Es hat mir so gefallen, von Euch zu lernen und Euch zu inspirieren. Der Geist ist für immer, die Seele, der Körper ist vergänglich, auf dieser Ebene. Aber Ihr wisst all diese Dinge, Ihr wisst sie doch."

Denkst Du, dass Du Dich verabschieden möchtest?

„Die Entscheidung wird in den kommenden Tagen fallen. Es geht voran oder vorbei. So wird es sein."

Kann man Dir noch irgendwie helfen?

„Seid einfach da, gebt mir Kraft, Mut und Licht, das ist alles, was ich mir wünsche. Vielleicht noch einmal diese tiefe Verbundenheit mit meiner Frau. Das war sehr schön. Ich liebe Euch so sehr, aber Ihr wisst das. Liebe, oh ja Liebe, diese Freude ist unbeschreiblich, dieses tiefe Gefühl zu empfinden. Im anderen Jetzt ist dieses Gefühl immer da, man vergisst nicht, wo man herkommt, ist immer verbunden, verbunden mit der Liebe, der eigenen und der zum Göttlichen. Wir sind alle eins."

Genau zwei Monate nach diesen Worten ist Rumi gestorben. Während dieser Zeit hatten seine Menschen noch ausreichend Gelegenheit dazu, mit ihm zu kommunizieren und auf seine Wünsche einzugehen. Sie haben ihn als das gesehen, was er ist: eine geliebte, eigenständige Seele mit eigenen Anschauungen und Bedürfnissen.

Mein grösster Wunsch ist, Euch mit unseren Mitteilungen dabei zu helfen, über Trauer und Schmerz hinwegzukommen. Es ist so wichtig, dass Ihr dies erkennt. Ihr erspart Euch so viel Leid. Wie gesagt: Der körperliche Verlust ist da, wir verstehen das auch, aber unser größtes Anliegen ist es, dass Ihr endlich aufwacht und begreift und dass Ihr sehen und fühlen könnt, was wir fühlen. Wenn Ihr wirklich verstanden habt, wovon wir sprechen, dann ist der Tod nichts Schlimmes mehr für Euch. Auch wenn wir nicht mehr körperlich bei Euch sind. Werdet Ihr trotzdem auch Freude zwischen der Traurigkeit empfinden und den Frieden innerlich spüren, der Euch sonst verwehrt bleibt.

Wie Ihr den Tieren auf ihrem Weg helfen könnt

Nicht immer ist es so, dass wir friedlich einschlafen können, denn manchmal werden wir ziemlich heftig aus unserer Hülle gerissen, und manchmal finden wir dann den Weg ins Licht nicht sofort. Es ist deswegen sehr hilfreich, eine Kerze, ein Licht für uns zu entzünden, entweder schon während des Sterbeprozesses oder spätestens dann, wenn wir gegangen sind. Auch ist es sehr hilfreich, ein Gebet für unsere Seele zu sprechen. Ihr könnt gerne unsere Worte verwenden oder natürlich auch eigene finden. Bittet in jedem Fall die Engel, vor allem Erzengel „Azrael“, den Engel für Sterbende und Engel des Trostes, um Hilfe und Unterstützung.

[Beate]: *„So spreche ich Dich, „(Name des Tieres)“, und alle, die mit Dir verbunden sind, Diesseitige und Jenseitige los in Jesu Namen. Liebe Engel, ich bitte Euch, nun „(Name des Tieres)“ zum Licht zu führen, zur allumfassenden Liebe. Bitte helft „(Name des Tieres)“ loszulassen und den Weg ins Licht zu gehen. Es werde Licht, werde Licht, werde Licht in Jesu Namen. Amen, Amen, Amen. Ich danke Euch, dass dies nun geschieht.“*

Tiere, die nicht im Licht sind, werden Euch für Eure Worte der Liebe von Herzen dankbar sein und ihre Reise antreten können. Sie erfahren dadurch die Liebe und das Glück, das ihnen sonst verwehrt werden könnte. Im Grunde ist das aber nicht nur bei Tierseelen so, auch Menschenseelen kann man durch dieses Gebet in den Himmel begleiten.

„Die Mitteilung, dass ich sterbe…“

...War ein echter Schock! Aber ich habe das vor ein paar Monaten schon einmal zu Beate gesagt, und sie wusste es: Wenn das Kapitel über den Tod vollendet ist, wird es soweit sein. Sicherlich konnte sie es sich zum Zeitpunkt, als ich es sagte, noch gar nicht vorstellen. Wie auch? Ich war doch nach außen hin noch gesund. Unser Deal war aber immer gewesen, dass ich ihr es sage, wenn es so weit ist und nicht früher. In der Nacht, bevor die Diagnose gestellt wurde, sagte ich zu ihr: „Ich werde den Schnee nicht mehr sehen, ich gehe jetzt.“ Und das sind die Momente, in denen Ihr sehr stark an Euch zweifeln werdet, aber sie wusste in diesem Augenblick, dass es von mir kam und das es so sein würde. Die Diagnose unterstrich meine Worte, doch den Zeitpunkt, den bestimmte immer noch ich. Genau so ist es: „Ich“ werde gehen!

Meiner Freundin Sabine habe ich Folgendes gesagt:

„Hab alles Wichtige gesagt. Sag Beate, sie soll das Buch zu Ende schreiben. Hilfe wird sie bekommen und es wird sie bereichern. Steh ihr bei in ihrer Trauer um mich. Ich bin in Glückseligkeit. Ich sehe den Mond und die Sterne funkeln, sehe viel Licht um mich. Bin eingehüllt in Liebe und fühle mich unendlich sicher, wie in einem geborgenen Zuhause, in dem es keine Angst gibt. Nur Beates Trauer macht mir Sorge. Kümmere Dich um sie, das ist mein Wunsch an Dich, Sabine. Wenn ich sie in guten Händen weiß, kann ich meinen Weg antreten. Versprich mir noch, dass sie das Buch weitergeben wird. Mein Geist ist schon in anderen Dimensionen, am Liebsten möchte ich einfach einschlafen. Sag meinem Mann danke für seine Treue. Sag Beate, sie ist ein geborener Engel für die Tierwelt, sie soll sich immer auf ihr Gefühl verlassen und nicht auf andere hören.“

Und Adelheid übermittelte ich:

„Liebe Beate, hadere nicht mit meinem „Weggang", es ist für Dich, auch wenn es Dir schwer fällt, das zu verstehen. Durch mein Dasein habe ich das Vertrauen in Dir geschaffen, der Liebe den Weg bereitet, so dass Du mir folgst, wenn ich Dir das Licht der Welt zeige. In solchen Extremsituationen, d.h. in Momenten der großen Trauer hat das Licht der Welt, die Glückseligkeit, eine Chance in Dich hineinzuschlüpfen. Halte diese Momente fest, lass es hell werden in Dir und vertreibe die Schatten der Trauer. Ich bin immer bei Dir und Du kannst mich spüren auf eine Weise, die die Schatten der Unwissenheit vertreibt. Es sind die Momente, in denen Du Dich Eins fühlst mit mir und letztlich mit dem Universum. Lasse es einfach zu, für Trauer ist kein Platz. Liebe sollst Du spüren, nichts als reine Liebe. Und trotzdem: Bitte verzeih mir, wenn ich Dir weh tue. Folge meinem Weg und lass den Schmerz hinter Dir. Ich liebe Dich, die Welt liebt Dich, fühle Dich angenommen und aufgehoben."

Man kümmert sich rührend um mich, begleitet mich stetig und lässt mich keine Sekunde mehr alleine. Ich fühle mich ausgesprochen geborgen und gut aufgehoben. Ein Nachtlager hat man errichtet, wo wir nun alle schlafen. Es ist unten, damit ich keine Treppen mehr steigen muss. Es würde mich auch sehr anstrengen. Es gibt Tage, da geht es mir gut, und ich merke, dass meine Lieben Hoffnung schöpfen, aber das ist nicht richtig, denn der Zeitpunkt ist gekommen und das habe ich gesagt. Sie erkennen es auch immer wieder, weil ständig neue Dinge hinzukommen, wenn sie eine Sache im Griff haben. Es ist wundervoll, in solch einer Harmonie zu gehen und dem Tag entgegenzusehen. Es ist schön zu sehen, wenn man die Prozesse mit einem durchsteht. Ich wusste ja schon immer: Ich lebe in einem besonderen Zuhause, aber jetzt ist es mir noch viel klarer. Ich bin glücklich über mein Leben, ich bin glücklich, dass ich die Möglichkeit hatte, mich mitzuteilen. Ich hoffe so sehr, dass dies irgendwann jedem Tier zu Teil wird und dass jedes Tier eine derart innige Beziehung zu seinen Menschen erfährt. Es wäre ein wunderschönes Geschenk an die Erde und das Leben.

Am 07. August 2007 am frühen Nachmittag bin ich dann in Begleitung von vielen Engeln und meinem Freund Fijack in den Armen von Beate eingeschlafen.

"Meine Lieben, es ist so weit, ich werde Euch nun auf dieser Ebene verlassen. Es ist nicht für immer, und ich bin auch nicht weg! Mein Geist löst sich, Schmerzen fühle ich nicht mehr. Ich bin leicht, glückselig und schwimme im Licht. Meine Engel und meine Freunde warten hier, ich bin nicht alleine. Meine Lieben, Ihr müsst Euch wirklich nicht fürchten. Ich habe ein großartiges Gefühl der Liebe und Dankbarkeit, auch dafür, dass mein Leben so sinnvoll war. Ich konnte Euch helfen und beistehen, und ich habe Beate gesagt: „Ich werde es auch weiterhin tun!“

Das Buch jedoch, es ist noch nicht zu Ende, denn der Neubeginn fehlt. Darüber spreche ich aber erst in einiger Zeit, denn es muss erst dieser Schritt vollendet sein. Mein Leben war wunderschön und ich möchte keine Sekunde davon missen, doch jetzt freue ich mich auf die andere Dimension. Mein Köper, er lässt ja nun schon lange nach, doch dort bin ich wieder frei, frei von allen Fesseln. Was mir noch bleibt zu sagen: „Ich liebe Euch aus tiefstem Herzen, wir sind alle eins!“ Seid nicht traurig, ich hätte es nicht besser treffen können...“

Auf immer und ewig,

Dein Engel und Eure Felina

„Mit toten Tieren kommunizieren“

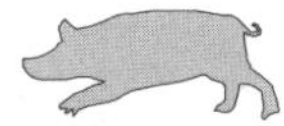

Jetzt, da ich nicht mehr unter Euch weile, kann ich sehr gut davon erzählen, was ich nun empfinde, wenn sich Beate bei mir meldet. Mich überkommt ein Gefühl des Glücks und des tiefen Friedens, der Liebe und Verbundenheit zwischen uns. Die Verbindung ist auch jetzt noch sehr stark und fest wie eh und je. Sicher war es auch schlimm für mich, ihre Trauer zu sehen, denn die Trauer, die Traurigkeit, der Verlust des Irdischen ist einfach da. Auch ich war sehr traurig, vor allem weil ich sie nicht weinen sehen wollte. Ich habe dann immer versucht ihr zu sagen: „Ich bin noch da, ich bin nicht weg, bin immer noch bei Dir.“ Und stets sagte sie: *„Ja, ich weiß mein Liebling, aber Du fehlst mir so, ich kann Dich nicht streicheln, nicht berühren, ich möchte Dich wiederhaben.“* Und wie laut sagte ich dann immer: „Reiß Dich zusammen, mir geht es gut, ich bin noch immer bei Dir, liege hier neben Dir und beschütze Dich. Mach weiter, vollende meine Worte, damit ich wieder kommen kann.“ Und trotzdem war das Ganze natürlich auch schlimm für mich, weil ich vorher nicht gedacht hatte, dass alles doch so schmerzhaft für sie sein würde. Erst ein paar Tage später fand sie dann den Mut, konkret mit mir zu sprechen:

15. August 2007

Hallo Mäuschen, hörst Du mich?

„Ich höre Dich, warum sollte ich nicht. Ich höre Dich ständig und Du mich doch auch.“

Das stimmt. Wie geht es Dir, meine Süße?

„Mir geht es wirklich gut. Sei nicht besorgt um mich. Ich bin stets bei Dir.“

Magst Du mir mal zeigen, wie Du dich jetzt fühlst, was Du empfindest?

„Meine Liebe, so viel Liebe und Glück, man kann es nicht in Worte fassen, aber ich kann Dir diese Emotionen gerne weitergeben."

Dann schick sie mir mal, ich kann das jetzt brauchen. *(„Und ich habe ein unendliches Gefühl der Liebe und des inneren Friedens empfunden, ein Gefühl von Dankbarkeit und Freude. Sehr schwer in Worte zu fassen.").* **Ich danke Dir. Wie wird jetzt unsere Zusammenarbeit aussehen?**

„Gut. Ich werde Dich immer unterstützen, Dir Deine Fragen beantworten, ich kann das auch jetzt noch, vielleicht sogar besser."

Aber wie ist es mit Menschen, die Probleme haben?

„Wir werden einen Weg zur Kommunikation finden. Es wird schon eine Möglichkeit geben, sie zu führen."

Weißt Du, dass ich Dich sehr vermisse?

„Ja, ich weiß das. Aber wir sehen uns wieder. Versprochen."

Denkst Du wirklich?

„Ja, ich weiß es."

Ich hoffe, ich erkenne Dich!

"Ich erkenne Dich. So viel steht fest."

Du bist eine ganz Liebe. Hast Du noch etwas, das Du mir sagen möchtest?

„Ja, blicke jetzt nach vorne und tu endlich wieder etwas. Sei nicht so faul, sondern bewege die Dinge. Sonst habe ich jetzt im Moment nichts zu sagen."

Danke, meine Maus. Ich drück Dich ganz doll. Habe Dich sehr lieb.

„Ich Dich auch. Du bist meine Liebe.“

Ebenso mein Schatz. Hab eine schöne Nacht und grüß unseren Fijack.

„Das mache ich. Solltest vielleicht auch mit ihm mal wieder sprechen.“

Viele Gespräche sind diesem noch gefolgt, und trotzdem hatte ich manchmal Schwierigkeiten, ihr alles zu sagen und immer durchzudringen. Sie brauchte einige Wochen, bis sie wieder in die Gänge kam. All die Tiere, die während dieser Zeit warten mussten. Aber ich weiß natürlich, es zu verarbeiten hat einfach ein wenig gedauert. Irgendwann hat sie dann endlich weitergemacht, denn genau das war es, was ich wollte: die soeben gesagten Worte für dieses Buch! Es ging ihr dann auch langsam besser. Ich denke sie fürchtete sich davor, vor den Emotionen, die meine Worte wieder auslösen würden, doch genau das Gegenteil ist geschehen. Die Verbundenheit, die auch zu Lebzeiten schon so tief war, ist durch unsere Gespräche wieder neu entfacht. Ich glaube, die Erkenntnis, dass wir wirklich nicht getrennt, sondern noch immer zusammen sind, wurde erst nach einer gewissen Zeit in „Verstehen“ umgewandelt. Manchmal laufen auch heute noch Tränen über ihr Gesicht, aber sie kommen jetzt nicht mehr aus Trauer, sondern aus dem Verstehen, dass wir alle niemals getrennt sind.

Auch unserem Mann, der allerdings nicht auf diese Weise mit mir spricht – na, er würde es zumindest nicht zugeben - habe ich Botschaften übermittelt. Er hat in einem Traum erfahren, wie es jetzt für mich ist, wie „tote“ Seelen sich fühlen, und dass der Kontakt zu den Lebenden immer noch da ist. Er wehrt sich, möchte keine Hunde mehr. „Vielleicht solltest Du es einfach zulassen, dass ich auch wieder zu Dir möchte.“ Du kannst mich nicht aufhalten, ich werde wiederkommen!

Viele von Euch haben Angst, diesen Schritt zu gehen - mit toten Tieren zu sprechen. Na ja, man sollte sich vielleicht schon fragen, warum man genau diese Art der Kommunikation möchte? Es ist nicht gut, nach alten und vergangenen Missgeschicken zu fragen, weil sie einfach nicht mehr wichtig sind und keine Rolle mehr spielen. Es ist vorbei. Getanes ist getan, Gesagtes wurde gesagt. Auch Eure eigenen Tiere im Jenseits werden bereit sein mit Euch zu sprechen, insbesondere wenn Ihr es zulasst. Ihr müsst Euch nicht fürchten, wir sind deswegen nicht böse und es geschieht Euch auch nichts. Schützt Euch nur vorher ausgiebig und bittet um göttlichen Segen. So werden Euch nur gute Seelen zur Verfügung stehen und sich kein unerwünschter Gast einschleichen.

Eure Tiere nehmen Euch den Schmerz, sie werden Euch helfen und stetig sagen: „Wir sind nicht getrennt!“ Genau so, wie ich es auch bei Beate getan habe. Furcht ist nur ein Weg, Euch von allem Schönen abzuhalten, das Ihr erfahren könnt. Es ist nicht böse und es ist nicht schlimm, im Gegenteil, wir möchten Euch helfen, und wenn wir nicht sprechen wollen, dann werden wir uns eben irgendwie anders mitteilen. Das kommt aber nur sehr selten vor, weil wir natürlich nicht möchten, dass Ihr leidet, sondern dass Ihr „versteht“. Das macht auch uns die Trennung von Euch wesentlich leichter.

Es ist auch nicht richtig anzunehmen, dass Ihr uns irgendwie loslassen müsst. Das könnt Ihr nicht, weil wir ja alle ständig verbunden sind. Es ist nur die Trauer, es sind die Tränen und der Schmerz, den Ihr gehen lassen solltet. Erst dann werdet Ihr es so begreifen und empfinden, wie es ist. Allerdings ist es nicht immer einfach und manchmal auch ein langer Weg, aber wenn Ihr bereit seid, ihn voll und ganz zu gehen, werdet auch Ihr irgendwann erkennen, dass meine Worte der Wahrheit entsprechen.

„Neubeginn“

Wisst Ihr, Neubeginn bedeutet so vieles, geht in so viele verschiedene Richtungen. Auch uns Tieren ist zu Lebzeiten nicht immer klar, wohin ein Neubeginn führen soll. Aber seid Euch sicher: Nichts ist bindend, wenn eine Entscheidung über Eure neue Zukunft getroffen wurde. Sie ist immer und zu jeder Zeit widerrufbar, alleine schon deswegen, weil der Geist frei entscheidet. Niemand redet Euch etwas ein, niemand bestimmt über Euch.

Aber nicht immer bedeutet ein Neubeginn einen neuen Anfang zusammen, mit den geliebten und vertrauten Menschen. Nein, ganz gewiss nicht. Manchmal muss jeder für sich einen Neubeginn starten. Der eine hier, der andere dort. Und trotzdem ist man nicht getrennt. Wenn es Euch gelingt, alles zu betrachten, zu durchleuchten, dann werdet Ihr „das Ganze“ umfassen, das ganze Spektrum des Lebens: des Lebens auf Erden und des Lebens in der anderen Dimension.

Ein Neubeginn läuft für jeden auf unterschiedliche Art und Weise ab. Manche müssen gemeinsam eine Entscheidung treffen. Damit meine ich andere Seelen und Wesen, die schon vorausgegangen sind. Für Euch, die Ihr „zurückgeblieben“ seid (so wie Ihr das nennt), bedeutet das, mit Euren Gefühlen fertig zu werden und den Verlust zu überwinden. Das geht meist nicht von heute auf morgen, es dauert halt seine Zeit. Aber Ihr haltet uns nicht fest, weil wir ohnehin nie getrennt sind. Und irgendwann kommt dann der Zeitpunkt, an dem die Trauer dem Glück und der Gewissheit folgen sollte. „Meinem Liebling geht es jetzt gut!“ Lasst die Tränen dann einfach los und liebt die Erinnerung, die Liebe, die immer noch da ist, und natürlich die Kommunikation, die zu jeder Zeit stattfinden kann.

Vielleicht schicken Eure Verstorbenen auch Tiere, die Euch trösten sollen. Schickt sie nicht weg, es sind Boten der Liebe und der Heilung. Diese Seelen haben genau diesen Auftrag gegenüber Euch, und sie möchten ihn auch erfüllen. Ihr seid deswegen natürlich keine Verräter, nein, Ihr seid spirituelle Wesen, die auf ihr Gefühl und ihre Intuition hören sollten, einfach „Eurer Stimme vertrauen". Ist das nicht eine der Aufgaben bei der Tierkommunikation? Und ist es nicht genau das, wovon ich bereits gesprochen habe? Über Vertrauen in die eigene Intuition und den festen Glauben an Euch selbst?

Und wenn wir unsere Aufgabe hier erfüllt haben, dann kommen wir wieder. Wie gesagt, nicht immer zu Euch, aber doch zurück auf die Erde. Wenn ein Tier wieder zu seinem Menschen kommen möchte, dann seid nicht in Angst, dass Ihr es „verpassen" könntet, das ist nicht möglich. Wir finden Euch immer, weil es so sein soll. Ihr müsst nur auf die Zeichen achten, dann kann nichts passieren. Ein Blick in unsere Augen wird Gewissheit geben. Und manchmal zeigen wir uns auch in Tieren, die noch immer bei Euch sind, oder in Tieren, die den Weg zu Euch finden. Wir schlüpfen in ihre Körper und machen genau die Dinge, die unverkennbar auf unser vorheriges Dasein zutrafen. Wir tauschen dann das Bewusstsein, wenn auch nur für kurze Zeit.

Es gibt auch Momente, in denen ein Seelentausch stattfinden kann, die Regel ist das aber nicht. Für manche Menschen ist das auch nicht so einfach zu begreifen, weil es doch irgendwie den Rahmen Eures Verständnisses sprengt. Auch meine Liebe hat da manchmal so ihre Probleme, aber so ist das nun mal. Vertraut darauf, Ihr braucht wirklich keine Angst zu haben, denn wenn es vorherbestimmt ist, dass die Aufgaben „zusammen" gelöst werden, werden wir immer auf irgendeine Art und Weise zusammenfinden.

Beate hatte einmal, kurz bevor ich krank wurde, genau ein solches Gespräch zu führen. Die andere Frau hatte ihr Kätzchen verloren und hatte nun durch Zufall in ihrer Gegend einen Zettel gelesen, dass es Katzenbabys zu verschenken gäbe. Sie ging dorthin. Ein kleiner Kater hatte es ihr angetan, und doch war sie sich nicht sicher, welche der drei Kätzchen nun Ihr kleiner Liebling sei.

Carina, das verstorbene Kätzchen, sagte daraufhin Folgendes:

„Sag ihr, sie kann keine Fehler machen. Ich bin da, wo sie sein wird, so ist es."

Auf die Frage, wie man sie erkennen könnte, sagte sie:

„Indem sie das empfindet, was sie für mich empfunden hat, aber wie gesagt, es ist so, sie kann keine Fehler machen. In jungen Jahren können wir immer noch Seelen tauschen und deswegen werde ich da sein, wo sie ist."

Sie wurde noch einmal gefragt, welche der drei Kätzchen sie sei:

„Weißt Du, meine Süße, so funktioniert das leider nicht. Ich kann Dir nicht sagen, wer ich bin, aber ich komme zu Dir, ganz bestimmt. Bitte lass Dein Herz entscheiden."

Auf die Frage, ob die Zeit schon die richtige sei, meinte sie:

„Die Zeit spielt keine Rolle. Ich weiß, ich bin nicht sonderlich hilfreich. Tut mir wirklich Leid. Aber ich darf solche Informationen nicht geben. Ich kann nur sagen, dass ich wieder zu Dir zurückkomme, und das auf jeden Fall. Du weißt vom Gefühl her, wer ich bin, das weiß ich. Du kannst tief in Dich gehen, und bei einer der Katzen wird sich Dein Herz öffnen. Dann weißt Du, wer bei Dir einzieht."

Und abschließend sagte sie:

„Sie wird nicht befriedigt sein, nein das nicht, aber sie wird schon verstehen. Ich weiß, uns zwei hat viel verbunden und deswegen möchte sie nichts verkehrt machen. Aber ich sage noch einmal: „Es gibt keinen Fehler!"

[Felina]: Beate hatte das Gefühl, dass die schwarz/weiße Katze die Seele Carinas war. Sie hat es aber nicht gesagt. Und genau dieses Kätzchen ist dann bei dieser Frau eingezogen. Sie hatte auf einmal ganz fest das Gefühl, dass genau dieses Ihr Liebling ist und nicht der Kater, der ihr zuerst gefallen hatte. Ihr seht also, es gibt kein „Falsch". Das Leben, es findet immer seinen Weg, und zwar genau dorthin, wohin es gehen soll.

Ein Gespräch mit Linus, dem Kaninchen einer Freundin von Beate, zeigt Euch, dass es möglich ist, dass Tiere ihre Seelen tauschen. Ihr geliebter Freund Gonzo ist starb, und so zog Gomez ein. Dass die beiden ein und dieselbe Seele waren, verstand sie aber erst später.

Hallo Linus, ich bin Beate, hast Du Zeit und Lust mit mir zu sprechen?

„Sicher, wir hatten ja schon öfter Kontakt in letzter Zeit."

Ja, das stimmt. Ich wollte mit Dir über den Tod sprechen. Möchtest Du das?

„Nein, eigentlich möchte ich mit Dir nicht über dieses Thema reden, ich würde lieber über den Neubeginn mit Dir sprechen."

Aha, und warum das?

„Weißt du, meine Liebe hat da, glaube ich, so ihre Probleme damit, und deswegen möchte ich eher nichts dazu sagen."

Okay, dann erzähle mir mal, was Du mir damit sagen möchtest.

„Nicht jeder ist davon überzeugt, dass wir Tiere wieder auf die Erde zurückkommen. Auch wenn Ihr glaubt, dass es bei Menschen so ist, so habt Ihr doch ein Problem damit, wenn es um uns geht. Vielleicht liegt es daran, dass ich so klein bin, nur ein Kaninchen, kein Pferd oder Hund. Da könnte es Eurer Meinung nach schon eher funktionieren, aber es spielt keine Rolle, wie groß ein Lebewesen ist. Es kann wieder auf die Erde kommen. Es muss ja auch kein Kaninchen mehr sein, nein, es könnte sich auch einen anderen Körper aussuchen."

Gibt es denn einen bestimmten Grund, warum Du mir jetzt davon erzählst?

„Ja, den gibt es. Weißt Du, meine Sonja sagt immer, wir seien alle eigen, keiner sei wie einer meiner toten Freunde. Allerdings glaube ich, tief in ihrem Inneren sind da jetzt auch schon Zweifel vorhanden. Ich kann Dir sagen, die sind auch berechtigt. Es spielt bei einem Neubeginn keine Rolle wie lange wir tot sind, eine Wiedergeburt kann auch sehr schnell erfolgen. Nach Stunden oder Tagen."

Ehrlich gesagt, weiß ich jetzt immer noch nicht, worauf Du hinauswillst.

„Na, sie sieht ihre toten Freunde und will nicht wahrhaben, dass es wirklich diese Seelen sind."

Ah. Du meinst, sie sagt, die Toten zeigen sich in den Lebenden?

„Genau. Das kann auch passieren, aber in unserem Fall ist das nicht so."

Mein Lieber. Aber dann wäre es doch so, dass ein Seelentausch hätte stattfinden müssen?

„Und? Wo liegt jetzt da das Problem?"

Hm, ich denke im Verständnis.

„Das ist sehr schade, wenn Du dieses Verständnis nicht hast. Es gibt Seelen, die gehen einfach zu früh, haben ihr Soll noch nicht erfüllt, und in diesem einen Fall war es so."

Also, um es jetzt mal beim Namen zu nennen: Du denkst „Gonzo“ ist „Gomez“?

„Ich denke es nicht, ich weiß es.“

Jetzt bin ich aber ehrlich sprachlos. So eine Wende hätte ich nicht erwartet.

„Du wolltest Infos für Dein Buch, und ich habe Dir Infos gegeben. Jetzt hast Du eine Geschichte, über einen Seelentausch.“

Was ich noch nicht ganz bei der Sache verstehe, wann entscheidet denn eine Seele, ob man den Körper tauscht? Noch auf der irdischen oder schon in der jenseitigen Welt?

„Meistens im Jenseits. In Gonzos Fall ging das auch ganz schnell. Er war ein Notfall dieser Gomez, und deswegen ging das auch.“

Warum ist Paula dann so zu Gomez? Sie müsste doch auch wissen, dass es Gonzo ist.

„Wie soll ich sagen, verletzter Stolz, Engstirnigkeit. Ja, das könnten Gründe sein. Du wirst schon sehen, wie gut sich die Zwei noch vertragen werden - wie früher.“

Da bin ich dann ja mal gespannt. Möchtest Du Sonja noch etwas mitteilen?

„Manchmal zeigen sich die offensichtlichen Dinge erst später, bei genauerem Hinsehen. Manchmal möchte man sie nicht sehen, und man wird immer wieder mit den gleichen Dingen konfrontiert. In Deinem Leben passieren jetzt oft diese Geschehnisse. Das bedeutet, sich alles noch einmal genau anzuschauen, zu überprüfen, Konsequenzen zu ziehen. Darüber solltest Du Dir Gedanken machen. Ändere alles, was Dich unglücklich macht. Ich liebe Dich sehr.“

Du bist ein ganz toller Kerl. Ach, ich soll Dich noch fragen, wie alt Du bist?

„Ich bin 6. Aber im Grunde meines Herzens bin ich immer noch 4 „(lacht)"

Du bist süß. Ich danke Dir sehr für das tolle Gespräch.

„Gerne. Möchte schließlich auch in das Buch."

Manche von uns aber bleiben hier im Regenbogenland. Sie helfen Euch dann von dieser Seite aus bei Euren Aufgaben, damit Ihr den Weg findet und ihn gehen könnt. Jederzeit könnt Ihr uns um Hilfe bitten, wir sind stets und immer für Euch da. Wir helfen auch anderen, denn auch unsere Seele kann an vielen Orten gleichzeitig sein.

Ihr seht also, ein Neubeginn kann auf verschiedenste Arten vorkommen, auf viele Arten geschehen. Getrennt sind wir aber nie, und das solltet Ihr wirklich niemals vergessen!

Was soll ich jetzt über mich noch sagen, wo ich doch schon so ein schönes Leben hatte und meine Botschaften von hier aus sogar noch vollenden kann. Ich bin so dankbar dafür, und ich hoffe, dass Beate das Werk bald vollendet, denn meine Aufgabe ist es nun, wiederzukommen. Der Weg, den wir zusammen gehen müssen, ist noch weit, noch lange nicht zu Ende gebracht. Es gibt so vieles, was noch zu tun ist. Die Botschaft des „geistigen Sprechens mit allen Lebewesen" - und ich spreche nicht nur von Tieren - in die Welt zu posaunen. Der Weg ist noch lang, und es erfreut mich zu sehen, dass die Menschen immer offener dafür werden. Dass sie immer offener sind für das, was kommt. Meine Aufgabe ist noch nicht erfüllt, denn ich möchte Beate weiterhin begleiten auf ihrem Weg. Ihr helfen, dass die Informationen bei allen ankommen. Als Vermittler, und das nicht nur auf geistiger, sondern auch auf körperlicher Ebene. Das Ziel will sein, und ich sage das von ganzem Herzen, dass die Menschen den Glauben finden an diese Art der Kommunikation mit uns. So wird das

Leid der vielen gequälten Seelen ein Ende haben. Denn wenn Tiere verstanden werden, wird derjenige Angst haben, der im Verborgenen quält! Angst, er könnte öffentlich bekanntgemacht und bestraft werden. Es wird eine Welt voller Liebe und Verständnis sein, doch der Weg dorthin ist noch weit. Jeder von Euch kann dazu beitragen, die Kommunikation mit Tieren in die Welt hinauszutragen, um „jedem“ davon zu erzählen.

Ich werde also den Weg wiederfinden und ich freue mich, dass es schon bald so weit sein wird, meine Lieben wieder schmecken und riechen zu können. Dass Ihr alle mich wieder sehen könnt und mein Geist wieder Form und Gestalt annimmt, dafür danke ich. Die Zukunft liegt in Euren Händen. Nehmt die Gaben an und verbreitet sie in der Welt. Lasst Eure Kinder teilhaben am Spektrum des Lebens und der allumfassenden Liebe, an der Achtung von allen Lebewesen dieses Planeten, denn Kommunikation findet mit allem, was lebt, statt.

Und nun fang endlich an mit Deinen Tieren zu sprechen, denn sie warten schon darauf und zweifle nicht, denn auch DU wirst uns verstehen, so wie alle anderen vor Dir…

In Liebe… „Felina“

„Ich bin wieder da!“

Dass ich diesen Satz jetzt sagen kann, hat mich ganz schön viel Kraft und Anstrengung gekostet! Und obwohl ich Beate immer gesagt habe, sie solle locker bleiben und keine Angst haben, ich komme zu ihr zurück, sie muss nicht nach mir suchen, hat sie genau das getan. Sie hat nach mir gesucht und sie hat mich natürlich nicht gefunden.

Mein Freund Gino hat viel dabei geholfen. Beate hat sich gegen die Freude und Liebe gewehrt, weil sie nur auf das Äußere ging und letztlich nur Tränen erhielt. Sie hatte deutliche Antworten und Zeichen bekommen und sie nicht akzeptiert. Ich habe Regenbögen geschickt und sie wurden falsch interpretiert. Meiner Menschenfreundin Sabine habe ich auch viel zu verdanken, denn sie hat am Ende maßgebend dabei geholfen, dass Beate endlich sah und die richtige Entscheidung traf. Dafür sage ich noch einmal von Herzen danke, Sabine. Nicht nur Glück und Freude können übermittelt werden, sondern auch Tränen und Verzweiflung. Und als sie mich endlich als ihren Engel erkannte, hat sie nur noch von mir geträumt. So hatte sie letztlich dann auch „verstanden“.

Da wundert man sich doch ein bisschen, wenn man bedenkt, dass sie mit Tieren spricht, aber nun gut. Man sieht an diesem Beispiel sehr deutlich, dass Ängste einfach nur blockieren, dass man dann die Wahrheit nicht erkennen kann, dass keine Wahrnehmung und kein Gefühl mehr da ist. Aber man sieht auch, dass egal, was passiert, und glaubt mir, es sind viele Dinge passiert, Tiere wieder zu ihren Menschen kommen.

Es spielt keine Rolle, wie groß die Hindernisse und Blockaden sind. Am Ende passiert genau das Richtige, und jetzt bin ich endlich wieder da!

SAFI – Eine neue Zeit beginnt...

Das erste Gespräch mit Safi, das zur Entscheidung beitrug...“

Hallo Du kleine Maus, hier spricht die Sabine. Ich möchte mich gerne mit Dir unterhalten. Hast Du denn schon einen Namen?

„Meine Geburtshelfer nennen mich Tao.“

Das ist kein deutscher Name?

„Nein.“

Tao, bist Du weiblich?

„Ich denke, ich bin ein Mädchen.“

Möchtest Du in einer Familie wohnen, und möchtest Du viel draußen sein, oder wie stellst Du dir deine Zukunft vor?

„Ein kleines Häuschen, in dem ich wohnen darf.“

Sollen oder dürfen da auch andere Tiere wohnen oder möchtest Du dort als einziges Tier sein?

(Sabine: „Ich hatte nun den Eindruck, dass Felinas Seele hier war“)

Felina, bist Du jetzt hier?

„Nein, ich bin die Mutter und ich sage Dir, diese Kleine kommt vom Stern, vom Himmelszelt.“

Wie kann ich diese Aussage deuten?

„Das ist eine Botschaft, die Dir weiterhelfen soll.“

Ja, ich brauche auch eine konkrete Botschaft, da meine Freundin nach ihrer verstorbenen Felina sucht. Ist die Kleine Tao bzw. Felina, oder ist sie es nicht?

„Ich sehe jeden Tag einen Regenbogen beim Erwachen."

Warum wirkt die Kleine so traurig, oder ich weiß nicht – skeptisch?

„Das ist der Spiegel des Betrachters. Ich finde Deine Freundin soll jetzt handeln, jetzt ist die Zeit reif, die Entscheidung zu treffen. Sie wird sich richtig entscheiden."

Warum spürt sie dann das Glück in ihrem Herzen nicht, sie müsste doch Felina von weitem erkennen?

„Sie traut sich nicht, sie kann das Glück noch nicht fassen, dass sie endlich da ist."

Ich bin jetzt total verunsichert! (*„Ich habe mich dann mit meiner geistigen Führung in Verbindung gesetzt. „So liebe Ahnin, leider habe ich Dich nicht schon längst miteinbezogen. Doch jetzt bitte ich Dich von ganzem Herzen, da ich mir wirklich nicht sicher bin, ob es Felina ist oder der Hund, der für Beate bestimmt ist. Sag mir jetzt bitte, wie es ist."*)

Ich bekomme ein Bild von Tao in der Mitte und um sich ein Regenbogenlicht.

Beate soll sich endlich für ihr Glück entscheiden. „Hol mich endlich ab!"

[Beate]: *„Dieses Gespräch hatte mir sehr geholfen, richtig zu sehen und zu fühlen, denn durch die Wahrnehmungen und Emotionen, die ich nun empfunden hatte, war mir auf einmal alles klar. Die Aussage des „Sterns vom Himmelszelt" war mitunter der Schlüssel, da ich vor einiger Zeit ein Gedicht mit genau diesem Textabschnitt geschrieben hatte. Meine Erfahrungen versuche ich jetzt an andere weiterzugeben, so dass sich die Menschen nicht aufgrund von Unsicherheiten und Ängsten selbst nur quälen. Man kann wirklich keine falsche Entscheidung treffen, man kann sich nur eine Zeit lang im Weg stehen.*

Danksagung

Dieses Buch wäre ohne die Hilfe all der lieben Engel und so manch helfender Hand an meiner Seite nicht möglich gewesen. Zu allergrößtem Dank verpflichtet bin ich meinen Engeln und meiner Seelenfreundin Felina, ohne die dieses Buch erst überhaupt nicht entstanden wäre, denn der Inhalt dieses Buches ist bis auf ein paar wenige Ausnahmen ausschließlich von ihr.

Des Weiteren danke ich allen anderen Tieren und deren Menschen, all die Gespräche und Mitteilungen bereitwillig in diesem Buch veröffentlichen zu dürfen. Vielen, vielen Dank sage ich auch meiner Katzenfreundin Susi, die mich unentwegt forderte und förderte, deren stetige Aufforderungen mich unaufhörlich dazu ermutigten, mein Wissen weiterzugeben und allen Menschen bekannt zu machen. Meinem Pferd Icaré danke ich sehr, der mir manches Mal sprichwörtlich Beine machte, endlich fortzufahren, nicht stehen zu bleiben und zu verweilen, da es noch so viel zu tun und zu erleben gibt.

Und natürlich danke ich all den lieben Menschen um mich herum, die mich tatkräftig dabei unterstützten, dieses Buch fertig zu stellen und zu veröffentlichen.

Über die Autorin

Beate Seebauer ist 1971 in einer kleinen Stadt im tiefen Süden Deutschlands geboren, und ihr ganzes Leben schon wurde sie von tierischen Freunden begleitet. Ursprünglich hatte sie durch den Wunsch ihres Elternhauses nach dem Schulabgang eine kaufmännische Ausbildung durchleben dürfen, wirklich erfüllend jedoch fand sie diesen Beruf bereits in ihrer Kindheit nie. Und so kam es, dass sie immer mehr auf der Suche nach ihrer Bestimmung, bzw. auf der Suche nach ihrem Lebensinhalt war.

In dieser Lebensphase entwickelte sich im Laufe der Zeit der spirituelle Weg für sie. Aufgrund verschiedenster Interessensgebiete wie Steinheilkunde, Pflanzenheilkunde und Feng Shui war es nur eine Frage der Zeit, bis sich ihr Interesse in ein komplexeres Fachgebiet, nämlich das der Naturheilkunde, bzw. das des Heilpraktikers verlagerte. Durch eine konkrete Fachausbildung Mensch und Tier helfen zu können, begeisterte sie schon seit Längerem, und so begann sie kurzentschlossen im Jahr 2003 eine sehr umfangreiche Ausbildung zur Heilpraktikerin.

Als staatlich geprüfte und anerkannte Heilpraktikerin widmet sie sich nun mit homöopathischer Naturheilkunde der Hilfe und Unterstützung von Tier und Mensch. Um unsere Schützlinge wieder auf Vordermann zu bringen – sei es auf seelischer oder auch auf körperlicher Ebene – ist sie als Tiertherapeutin sehr erfolgreich in der Anwendung bioenergetischer Harmonisierungen und radionischer Tierhaaranalysen.

In ihrer weiteren Tätigkeit als Tierkommunikatorin spürt sie oftmals während eines Tiergespräches auffallende Leiden und Gebrechen eines Tieres bereits im Vorfeld auf und erreicht so, dass es allen Beteiligten am Ende wieder gut geht, dem Menschen eines Tieres, ebenso wie dem Tier selbst, egal ob Hund, Katze, Pferd, Hase, Hamster oder auch Vögel jeglicher Gattung und Art.

Weitere Bücher des RiWei-Verlags

Kleisch Petra
Meditieren mit Tieren
56 Seiten, ISBN 978-3-89758-130-2

Wer hat es sich nicht schon einmal gewünscht, mit seinem Tier in Kommunikation zu treten? Mit den Meditationen dieses Buches wird eine Basis dafür geschaffen. Wenn Sie die Meditationen mit Ihrem Tier durchführen, werden Sie sehr bald merken, dass auch ein mentaler Austausch entsteht, der mit der Zeit zu einer richtige Unterhaltung führt. Mit vielen farbigen Abbildungen.

Johanna Maria Uetz
Sanfte Lehrer - Berührendes aus dem Reich der Tiere
192 Seiten, ISBN 978-3-89758-319-1

Tiere sind uns Menschen nicht nur treue Wegbegleiter und Freunde, sondern mit der großen Weiheit Ihres Herzens auch wunderbare Lehrer in der Lebensschule. Ihre Ratschläge sind stets aufrichtig, liebevoll und unter allen Umständen wohlwollend und hilfreich. Diese ausgewählte Sammlung an Tiergesprächen ist ein sehr hilfreicher Begleiter für alle, die geistig wachsen und in Einklang mit Körper, Geist und Seele leben wollen. Die sanften Lehrer sprechen hier unter anderem über die Bedeutung des Verzeihens und geben Ihnen eine Meditation an die Hand, die es Ihnen erleichtert, zu vergeben und loszulassen. Sie erfahren, wie Ruhe, Liebe und Hoffnung zur Entfaltung Ihres Seelenpotentials beitragen und wie Tiere das Zusammenleben mit uns Menschen empfinden. Außerdem wurden in diesem kleinen Schatzkästchen unterschiedliche Meinungen der Tiere rund um das Thema "Essen von Tierprodukten und Fleisch" zusammengetragen.

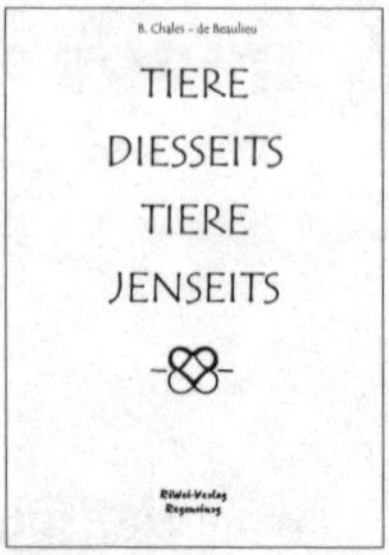

Berthold Chales-de Beaulieu
Tiere diesseits, Tiere jenseits
56 Seiten, ISBN 978-3-89758-297-2

In diesem Buch werden Tiere vom esoterischen Blickwinkel in ihren diesseitigen und jenseitigen Existenzformen betrachtet. Dieses gut lesbare Büchlein, das sich in sachlicher Sprache einer Reihe von Haus-, Zucht- und Jagdtieren annimmt, ist wahrscheinlich der offensichtlichste und ehrlichste Ausdruck dieser Neigung. Doch geht es in diesem Buch nur sekundär um Tiere. Chales-de Beaulieus Hauptanliegen ist die verlorene Harmonie zwischen den Menschen und deren Umwelt, insbesondere Tieren, erneut zu entdecken und beide in Einklang zu bringen, sodass sowohl Menschen als auch Tiere, vom Erfahrungs- und Entwicklungsgedanken geleitet und von der Warte der Wiedergeburt und der Selbsterkenntnis der göttlichen Seele aus gesehen, bestmöglich und ohne großen Zeitverlust Fortschritte machen können. Die Welt, die sich aus Umwelt und Selbst zusammensetzt, wird als Ganzes gesehen, in dem die Einzelteile und Agierenden eng miteinander verbunden sind. Eine Störung in einem der beiden Teile kann nur weitgreifende Auswirkungen für das ganze Gebilde mit sich bringen. In diesem Sinn ist unser Verhalten zu Tieren (und deren Reaktionen auf dieses) für alle und alles im Diesseits wie im Jenseits von großer Bedeutung.

Beate Seebauer
TierTalk Senstiv
Audio CD
Spieldauer: 35 Minuten
Bestellnummer: V-090

Entspannende Meditationen auf CD mit sehr angenehmer ein einfühlender musikalischer Untermalung.